나도 달리다 죽을 수 있다

효율적인 건강달리기

intro

여는글

달리고 웃을까! 울을까!

1988년 서울 올림픽과 2002년 한일월드컵 대회를 성공적으로 이끈 한국은 하계·동계 올림픽을 중심으로 한 각종 대회에서 스포츠 10대 강국임을 과시하며 21세기를 맞이하고 있다.

이와 함께 국가 경제성장과 완전 자동화의 디지털시대화가 되면서 신체활동 감소와 복잡한 사회적응을 위한 삶의 형태로 인해 누구나 건강의 필요성을 크게 느끼게 되어 세계 선진국들을 중심으로 한 국민들도 육체적·정신적·사회적 건강증진을 위한 수단으로 달리기와 걷기를 택하여 범세계적으로 실행하고 있다.

운동생리학과 육상경기에 대한 전문적인 원고를 써오다 건강증진에 조금이나마 이바지할 수 있는 방책의 하나로 일반 대중을 위한 건강교육 원고에 관심을 보이던 중 2004년 10월 일간스포츠 정병철 기자의 달리기 및 걷기원고 게재 요청으로 우선 걷기운동 효과에 관해 (2004년 11월 ~ 2004년 12월) 연재하게 되었다. 그것이 동기가 되어 (주)넥서스 Books 출판사의 관심을 불러일으켜 「걷기운동 30분」 초판을 2005년 10월 펴내고, 「걷기운동 30분」 개정판을 2010년 6월 출간하였다.

하지만 2009년 1월부터 2011년 12월까지 대구 세계 육상 선수권대회 준비 위원회 집행위원 겸 연맹 전무이사로 있으면서 일반 마스터스들을 위한 건강달리기에 관한 관심을 잊고 있었다. 그동안 「마라톤 완전 정복」(이홍렬, 2003, 이레), 「달리기가 가르쳐준 15가지 삶의 즐거움」(선주성 옮김, 2003, 궁리), 「봉달이의 4141」(이봉주, 2010, 어깨동무), 「나의 아름다운 마라톤」(이채원, 2012, 현대문학)등과 「Love of Running」(Tim Noakes, Leisure Press), 「Keep on Running」(Erie Newsholme et, WILEY), 「Running」(Fred Lebow et, Ranoom House)등이 국내·외적으로 건강달리기에 많은 도움을 주었다고 본다.

한편 대중 스포츠 종목이 각광을 받음에 따라 종목별 특수상해 예방에 관한 관심 또한 크게 대두되어 「테니스의 상해 원인, 예방, 재활치료」(윤홍탁, 2003, 홍경), 「골프가 내 몸을 망친다」(김숙이 옮김, 2009, 에스에이엠티유)등이 출간되어 자극을 주었고, 특히 「BORN TO RUN」(민영진 옮김, 2010, 페이퍼로드)은 본 원고 작성에 직접적인 동기가 되었다.

지금껏 건강달리기에 관한 책은 주로 달리기 운동 효과에 중심을 두고, 점차 얼마나 긴 거리를 가능한 최소의 시간 내에 달릴 수 있는가에만 초점이 맞추어져 있는 것이 대부분이었다.

이 책은 달리기 방법, 원리, 효과에 관한 내용들도 아주 이해하기 쉽도록 간략하게 단락별로 정리하였다. 그리고 이제껏 깊이 다루지 않았던 건강달리기와 신체적·정신적·사회적으로 부정적인 관계가 건강을 해칠 수도 있다는 것을 강조하면서 이것을 잘 이해하고 이에 맞춤 달리기를 해야 한다는 것을 특이화하였다.

새는 날지 못하면 죽은 것과 같고, 물고기는 헤엄치지 못하면 죽은 것과 같으며, 인간은 걷고 달리지 못하면 죽은 것과 같다. 인간은 고등 포유동물 중 가장 미숙아로 태어난다. 대부분의 포유동물은 태어나면서부터 바로 일어서거나 걷고 달린다. 사람은 2~3개월 후에야 겨우 가슴을 바닥에서 떼고 몸을 젖힐 정도이며, 1년 후에야 서서 걷고, 소위 걷기가 아니고 뛰거나 달린다고 할 수 있는 바닥에서 두 발을 동시에 뗄 수 있는 것은 훨씬 그 이후이다. 인간은 달리기 위해서 얼마나 힘든 과정을 거쳐 오는가! 그러므로 행복의 비밀은 발에 있고, 인간은 걷고 달리면서 행복해지고, 인간은 달리기 위해 태어난 것 같기도 하다.

즉 달리지 못하면 죽는 것이요, 걷지 못하면 죽은 것이다. 여하튼 자신의 육체적·정신적·사회적건강을 위해서 달리는 모든 분들께 조금이나마 도움을 줄 수 있는 계기가 되길 바라며, 끝으로 이 책은 완벽이 아닌 미완일 것이므로, 이 부족함을 많이 지적해 주시어 앞으로 10년, 20년, 30년 동안 지속되는 삶 속에서 부끄러움과 부족함이 사라질 수 있도록 해주시길 바란다.

끝으로 이 책이 나오기까지 함께 자료를 정리해준 김종혁 박사 외 운동생리학전공 선생들과 한양대학교 출판부에 깊은 감사를 드리는 바이다.

2012년 7월 26일

남 상 남

contents

차례

PART 4 달리기에도 원칙이 있다

contents

차례

PART 1
달리기는 인생이다

운동을 하면 하루가 짧지만, 인생이 길어진다.
달리고 달리는 것은 완주의 쾌감과 행복으로
인한 아름다운 인생 즉, 자신을 긍정적으로 위로하는
자연스러운 몸짓의 하나이기 때문이다.

Chapter 01

사람은 왜 달리는가?

동물이기 때문에 달리는 것 같다. 모든 동물은 달리려는 본능이 유전자 속에 있기 때문이다. 두뇌를 사용하는 놀이 중 가장 쉽고도 힘들며 삶과 함께하는 것이 달리기일 것이다. 그러므로 왜 달리는가는 왜 사는가와도 같다고 본다면 살기 위해 달린다고 결론지을 수 있다.

더 오래 살기 위해서가 아닌, 더 잘 살기 위해서 달린다. 걷고 달리는 삶은 직접 그 속에서 논다는 뜻이므로 사람은 나이를 먹으면서 어떠한 방법이든 자신의 생각과 감정과 함께 어우러져 신나게 놀아야 하는데 그 방법의 하나가 달리기며 규칙적으로 달리면 훨씬 신나는 놀이가 될 수 있다.

마라톤 풀코스 42.195km를 달린다고 생각해 보자. 인생을 사는 과정과도 비교될 수 있지 않을까. 인생 여정에서 보면 사소한 것들로도 큰 상처를 입기도 하고 큰 고통을 받기도 하듯이 운동화 속의 작은 모래알로도 큰 고통을 받을 수도 있고, 별의별 다양한 생각과 수십 번 도중하차 하고 싶은 것을 참고 견디고 완주했을 때의 쾌감과 행복은 이루 말할 수 없다. 하지만 완주하고 보면 아무것도 아니고 사소한 것들이었는데 왜 그리 육체적·심리적·영적 상처를 받으며 달렸는가!

허망하지 않나! 그래도 달리고 달리는 것은 완주의 쾌감과 행복으로 인한 아름다운 인생 즉, 자신을 긍정적으로 위로하는 자연스러운 몸짓의 하나이기 때문이다.

달리기를 하면서 하늘을 종종 올려다보는 것, 완주하고 누워 여유 있게 파란 하늘을 바라보는 모습을 상상해 보자!

Tip

마라톤

1) 마라톤의 유래

기원전 BC490년 페르시아의 다리우스 대제는 아테네와 스파르타에 사신을 보내 무조건 항복할 것을 권고하였는데 그리스가 사신을 우물 속에 매장하자 페르시아는 대군을 몰고 아테네 정벌에 나섰다. 그 전쟁터가 마라톤 평원이었고 아테네 말티아데스 장군의 작전으로 페르시아 대군을 전멸시키자 이 기쁜 승전보를 전하기 위해 "페이디피데스"가 마라톤 평원에서 40km 정도를 달려가 아테네 시민에게 전하고 숨을 거둔 것이 시발이 되어 거리가 제1회 올림픽에서는 40km, 제2회에서는 40.26km, 제3회 대회에서는 40km였다. 그 후 1908년 제4회 런던 올림픽 때는 42km로 하기로 했었으나 영국 왕실의 요청으로 원저궁 앞 골인 때문에 195m가 늘어 42.195km가 된 것이고 이 거리가 정식으로 인정된 것은 1921년이고 올림픽에서는 1924년 제8회 파리 대회부터이다.

2) 마라톤의 정의

마라톤은 극도의 인내력, 지구력 등의 강한 체력을 필요로 하는 장거리 도로경기로서 육상경기에서 최장거리 경주종목으로 트랙이 아닌 공로(公路) 42.195km를 달려 순위를 겨루는 육상경기이다.

3) 마라톤의 규정

일반대중을 대상으로 한 대중마라톤(mass-marathon)은 국제육상경기 종목이 아닌 비공인 종목으로 나라마다 임의로 설정한 도로 경주이며, 5km, 10km, 하프코스(21.0975km), 울트라 마라톤 등으로 나누어 경기를 한다.

4) 달리기의 정의

달리기는 도구의 도움을 받지 않고 하는 가장 빠른 인간의 이동수단으로 걷기와 더불어 가장 기초적인 운동유형이다. 달리기에서 가장 중요한 요소는 보폭(stride-length)과 다리를 움직이는 빈도(frequency)로서, 하나의 스트라이드가 얻는 거리와 일정 시간 동안 다리를 움직이는 횟수에 의해 속도가 결정된다.

Chapter 02

달리기와 걷기

달리기는 시간과 장소의 제약을 받지 않으며, 성별과 연령에 관계없이 남녀노소 누구나 쉽게 접할 수 있고 즐길 수 있는 운동 중 하나이다.

또한 근력 및 심폐지구력 등의 향상을 도모할 수 있으며, 칼로리와 지방소모율이 높아 체중 감소에도 탁월한 효과를 지닌 운동이기도 하다.

달리기	걷 기
• 걷기보다 체력소모가 크다.	• 체력소모가 적다.
• 기초체력이 약하거나 고령자는 삼가야 한다.	• 남녀노소 누구나 부담 없이 시작할 수 있다.
• 두 발이 다 공중에 뜬다.	• 두 발 중 최소 한 발은 바닥에 붙어 있다.
• 무릎이 체중의 3~5배의 충격을 받는다.	• 무릎이 체중의 1.2~1.5배의 충격을 받는다.
• 신발의 무게는 300~500g이 적당하다.	• 신발의 무게는 체중의 1%가 적당하다.
• 최소 8km/h 이상을 달려야 에너지 효율이 높다.	• 7km/h가 가장 경제적인 속도의 한계이다.
• 착지 시간은 약 0.2초 이내가 걸린다.	• 착지 시간은 약 0.6초 정도 걸린다.
• 갑작스럽게 하면 심장과 무릎 관절, 발목 등에 상해를 입을 수 있다.	• 심장은 물론 허리와 무릎 관절에 큰 부담을 주지 않는다.
• 칼로리 소모량은 걷기에 비해 많지만 지방 연소율은 낮을 수 있다.	• 칼로리 소모량은 달리기에 비해 적지만, 지방 연소율은 높을 수 있다.

이와 같이 달리기는 걷기보다 칼로리와 지방 소모가 크고 심폐능력까지 좋아지게 할 수 있는 전신 운동이지만 체중의 3~5배의 부하가 걸리는 달리기를 하려면 어느 정도의 기초체력이 필요하고 준비 과정도 필요하다. 즉 마음만 앞서서 무리하게 달리다 보면 허리와 무릎 관절에 무리가 갈 수 있을 뿐만 아니라 발목과 인대가 상하는 부상도 당할 수 있다. 어떠한 운동도 무리하면 독이 될 수 있기 때문이다.

Chapter 03

달리기의 건강효과

현대사회의 생활패턴 변화에 따라 신체활동이 부족하게 되었고 이로 인한 지방의 축적은 비만을 유발할 뿐만 아니라 고혈압, 당뇨병, 심장질환, 뇌졸중, 정형 외과적 질환과 같은 합병증을 동반하기도 한다. 걷기나 달리기 운동이 권장되는 이유는 가장 경제적이고 실행하기 쉬우며 상해로 인한 위험부담이 적고 심폐지구력 향상에 매우 효과적이기 때문이다.

첫째, 전신 운동으로서 심장을 비롯한 순환계 질환에 대한 저항력을 길러준다.

둘째, 근육세포에 혈액을 운반해주는 모세혈관의 수를 현저히 증가시켜 혈액 순환과 신진대사를 원활하게 해준다.

셋째, 산소섭취 및 이산화탄소 배출 기능을 향상시켜 지구력을 길러주는 등 심장근육을 비롯한 모든 근육을 강화시켜 준다.

넷째, 호흡 및 순환계 개선에 의한 혈관 혈액이동 기능이 향상되어 혈압을 낮추어 준다.

다섯째, 산소섭취 능력이 향상되어 보통 흡입한 산소량의 10% 정도밖에 이용하지 못하던 것을 20% 이상 이용할 수 있게 하여 헤모글로빈량을 증가시켜주고 산소흡입량을 늘려준다.

여섯째, 비만치료에 좋다. 보통 성인은 1시간의 산책으로 400~500kcal, 일주일의 산책으로는 체중 400g 정도를 감소시킬 수 있는 칼로리가 소모되는데 15~20분의 달리기는 1주일 동안 산책으로 소비하는 칼로리를 소비하게 한다.

일곱째, 650여 개의 근육과 206개 뼈의 사용으로 근육이 발달하고 뼈가 튼튼해지며 뼈 기능도 강화된다.

여덟째, 달리기로 흘린 땀은 몸속의 좋지 않은 노폐물과 중금속 성분들을 배출시킨다.

아홉째, 뇌와 발, 몸통의 장기와 손의 혈관 및 신경은 체내에 관으로 이어져 있으므로 발이 자극을 받으면 뇌까지 영향을 받아 머리가 맑아지고 스트레스도 해소된다.

그러나 달리기가 이러한 보약의 효과가 있는 반면에 개인의 체력 수준과 온도, 습도, 자외선, 도로 사정 등의 조건에 따라 상해의 위험에 노출 될 수 있고, 적응 여부에 따라서는 '아차'하는 순간에 심장마비, 뇌졸중 등과 같은 악마와 마주할 수도 있으며 종종 지옥 같은 죽음으로까지 갈 수도 있음을 알아야 한다. 근육의 파열 및 마비, 뼈의 골절, 인대 및 건의 파열 등도 때를 가리지 않고 나타나기 때문에 신체적·정신적·사회적 손상을 가져와 각종 희망과 꿈을 빼앗아 갈 수 있다. 그러므로 사전 운동검사와 준비운동, 거리와 속도에 따른 적응 훈련 등이 필수적으로 이루어져야 한다.

Tip

육상경기란

육상경기는 달리고, 뛰고, 던지는 등 인간의 가장 기본적인 신체활동으로 이루어지는 운동경기로서, 종의 기원 이래 시작된 가장 오래된 경기종목의 하나이다. 육상경기는 넓은 의미로 보자면 육상(陸上)에서 수행되는 모든 경기로 볼 수 있지만, 세계육상경기연맹에서는 트랙(달리기), 필드(뛰기, 던지기), 도로(마라톤), 경보, 크로스컨트리 경기로 정의하고 있다.

PART 2
달리고 후회할 수도 있다

건강이 있는 곳에 자유가 있다. 건강은 모든 자유 가운데 으뜸이다. 사실 고통을 극복하는데서 오는 짜릿함이 달리기의 가장 큰 매력 중 하나일지도 모른다. 어쩌면 달리는 동안 고통이 클수록 완주 후 쾌감이 더 클 수도 있다. 문제는 그 쾌감의 중독성 때문에 많은 마라토너들이 고통 자체를 당연한 것으로 여기고 무리한 레이스를 펼치는 경우가 많다는 것이다.

Chapter 01

달리기와 사망

달리기 사망 사고의 특징

달리기 대회 중에 발생하는 사고 대부분은 잠행적으로 서서히 진행하다가 갑자기 표면화되기 때문에 아무 이상 없이 잘 달리다가 어느 순간 갑자기 쓰러지므로 즉시 처치하지 않으면 바로 사망으로 이어진다.

달리기 사망사고의 직접적인 원인

첫째, 심장이나 뇌혈관 질환 : 관상동맥 질환, 부정맥, 선천성 이상

미국의 경우 돌연사의 원인은 90% 이상이 심장질환이며, 약물에 의한 사망도 많으나 우리나라에는 65%가 심장질환, 20%가 중풍이라는 뇌경색이 원인이다. 평소에 건강한 활동을 적극적으로 하더라도 40대 이상의 중·장년층에서 나타나는 심장 돌연사의 원인은 거의 전부가 심장질환으로 봐도 무방할 것이다.

둘째, 고온과 저온 : 고체온증(열사병), 저체온증

고체온증과 저체온증은 동일 경기에서도 일어나는데, 빠른 러너는 열생산이 증가하여 고체온증이 나타나고 느린 러너는 걷다가 멈추면, 특히 오후나 찬바람이 불거나 기온이 떨어질 때 저체온증이 나타난다.

셋째, 저혈당증과 저나트륨증

3~4시간 지속되는 지구력 경기에서 소금기가 전혀 없는 음료를 대량으로 섭취했을 때 혈관 내의 혈액이 희석되어 혈압강하, 빈맥, 무력감, 졸도 등의 증세를 보인다.

넷째, 호흡기 질환 : 천식, 자연적 기흉, 폐색전증

호흡기 질환이 천식, 자연적 기흉, 폐색전증 등의 원인으로 발생할 수도 있지만 건조한 환경, 면역력 약화, 염증에 의한 감염 등도 호흡기 질환의 원인이 될 수 있다.

다섯째, 약물 : 코카인, 암페타민, 모르핀, 스테로이드 종류 등

경기력 향상을 위해 복용하는 약물이 원인이다.

여섯째, 혈관 미주 신경적 기절, 체위성 저혈압, 운동 후 혈액이동 정체, 과호흡증 등 마라톤과 같은 지구성 운동 후에 갑자기 운동을 멈추게 되면 하지의 근육수축운동, 즉 펌프작용이 정지되어 심장으로 되돌아가려는 혈액이 하지에 정체되면서 갑자기 혈압이 떨어지게 된다.

달리기 사망사고의 외부적 요인

첫째, 주최측의 무분별한 대회 개최

온도, 습도, 풍속, 경치 등으로 운동하기 가장 좋은 봄, 가을에 하는 달리기 대회와 반대로 혹한기나 혹서기, 인덕이나 산시, 눈이나 비, 바람이나 빙판 등 운동하기에 부적절한 시기, 날씨나 장소에서 개최되는 대회들도 있다.

둘째, 러너들의 미숙한 레이스 운영

여러 가지 불리한 외부적 상황에 대한 경험과 대비가 되어있는 엘리트 선수들과는 달리 일반 마스터스 러너들은 불안정한 자신의 능력을 과신하는 수가 많아서 5~10km는 짧은 거리라 방심하고 과속질주를 하거나 신체적으로 심각한 이상 징후를 일시적인 증상으로 치부하고 무시해버림으로써 몸이 스스로 방어할 적응기회를 놓치고 안타까운 사고를 맞는 경우가 있다.

셋째, 주최측의 안이한 안전대책

응급상황의 처치를 위해 가장 중요한 것은 환자의 조기 발견 및 처치이다. 주최측의 안전 불감증으로 인한 무성의하고 무책임한 자세로 중앙에서 러너들의 안전을 전반적으로 통제할 인원배정이 부족한 경우가 많으며 이로 인해 조기 발견 및 처치가 불안한 경우가 많다.

마라톤 대회 중에 주로상의 위험이나 응급상황 발생 시 러너들이 조치하여야 할 사항에 대한 사전 교육이 거의 없으며 안전대책은 형식적이다. 그렇지만 근간에는 큰 대회일수록 급수대마다 책임자와 구급차 및 의료진이 상주하며 본부에도 응급 구호장비를 갖춘 의료진이 근무하고 있는데 아주 모범적인 준비라 하겠다.

사고에 대한 외상적 보상 및 사망의 경우 보상보험이 잘 되지 않고 있어 이에 대한 보상이 불명확하다.

넷째, 러너측의 무분별한 완주전략

러너는 오로지 자신의 책임하에 대회를 완주해야 함에도 불구하고 자신의 컨디션에 대한 안이한 과신, 무리한 경쟁 심리나 완주 욕심이 많으며, 대회 참가의 근본적인 목적을 확실히 하지 않은 경우가 많다. 위에서 언급한 바와 같이 달리기에 적합한 환경, 러너들의 마음가짐, 주최측의 철저한 안전대책 등의 3박자가 조화롭게 어우러졌을 때 비로소 '즐기는 달리기' 가 될 것이다.

국내 · 외 달리기 사망사고

기원전 490년 9월, 아테네군은 아테네를 침공한 2만 5천여 명의 페르시아군을 맞아 전투를 벌인다. 마라톤 평원에서 벌어진 전투에서 아테네군은 두 배가 넘는 막강한 침략군을 격퇴한다. 이 승전보를 전하기 위해 40km나 떨어진 산길을 달려 아테네에 도착하여 "우리가 이겼다!"고 외친 뒤 쓰러져 사망한 사람이 바로 페이디피데스(Pheidippides)이다. 페이디피데스는 마라톤이라는 용어와 관련된 첫 희생자다.

우리나라에서 일반인들의 대회 참가는 1995년 춘천 마라톤과 동아 마라톤대회이다. 이후 2000년을 기점으로 마라톤 인구와 대회 수가 폭발적으로 늘어나면서 2002년 10월 24일 강경젓갈 마라톤대회 하프코스에서 첫 사망자가 발생했다. 풀코스는 2004년 3월 28일 인천 마라톤대회에서 첫 사망자가 발생했으며, 매년 마라톤대회와 달리기 훈련과 관련하여 10명 이상의 사망자가 나오고 있는 실정이다.

즐기지 못해 일어나는 사망사고

마라톤대회에서 사망사고 발생은 특히 우리나라에 마라톤 열풍이 불기 시작한 2000년대 초반 소홀한 안전의식으로 경기 중 사망자 발생이 빈번 했다. 이후 사고에 대한 안전의식이 높아지고 대회 주최측의 철저한 준비로 한동안 사망사고는 줄어들었다.

현재 우리나라 마라톤 동호인 수는 약 200만 명 이상으로 알려져 있다. 건강과 취미를 목적으로 달리는 마니아들 중 일부는 마라톤을 즐기지 못하고 있다. 기록이 존재하는 운동으로 기록 단축에 크게 신경을 쓰기 때문이다. 처음에는 완주 자체에 목표를 두지만 달리면 달릴수록 기록을 앞당기고 싶은 욕심이 생기는 것이다. 그래서 초보자들은 즐기는 달리기를 하는 반면 고수일수록 즐기지 못하고 기록에 집착하는 경우가 있다.

지난 '2010 서울국제마라톤(제81회 동아마라톤)'대회에서 마스터스(일반부)에 출전한 62세 김모씨가 대회 도중 쓰러져 사망했다.

언론 보도에 따르면 김씨는 반환점을 돌아 22.4km 지점에서 쓰러져 응급조치를 받았으나 끝내 사망했다. 김씨는 지난 10년간 꾸준히 마라톤을 해 왔으며 다수의 완주경험을 갖고 있는 것으로 알려졌다. 그리고 평소 지병도 없었던 것으로 전해졌다.

김씨의 경우 10여 년 동안 마라톤을 즐겨온 마라톤 고수다. 비록 62세의 나이이긴 하지만 사망 원인을 나이 탓으로 돌릴 수는 없다. 사실 마라톤 동호인 사이에서 60대 러너들은 드물지 않기 때문이다.

마라톤 사망사고의 경우 대부분이 무리한 레이스 때문이다. 대부분 충분한 운동이 뒷받침되지 못했거나, 레이스 도중 기록 단축 또는 남보다 앞서 가려는 과욕을 부리면서 사고가 발생하기 마련이다. 또한, 지나친 연습에서 오는 심장질환도 레이스 도중 사망사고를 불러오는 원인이 되기도 한다. 김씨도 기록 단축에 대한 욕심 때문에 레이스를 일찍 포기하지 못한 것이라 생각된다.

'기록' 잊어야 즐길 수 있고 목적달성도 가능하다.

마라톤 동호인들에게 가장 큰 문제점의 하나는 고수일수록 달리기를 즐기지 못한다는 점이다. 그저 달리는 것 자체가 좋았던 사람들이 기록에 얽매이기 시작하면서 오히려 즐기지 못하고 노예가 된다.

실제로 기록에 대한 과도한 욕심이 무리한 운동을 초래하고, 무리한 운동이 부상으로 이어지는 경우가 적지 않아 건강과 즐거운 삶을 위해 시작한 달리기 운동이 오히려 건강을 해치고 즐거운 삶에 방해요소가 되는 것이다.

거리가 정해진 모든 달리기는 기록이 존재하는 운동이므로 기록 단축에 어느 정도 욕심이 생기는 건 당연하다. 하지만 이러한 욕심이 달리기를 시작하게 된 초심을 잃게 하고 있다. 즐기기위해 시작한 달리기가 오히려 건강을 해치고 스트레스를 가져오는 것이다.

사실 고통을 극복하는데서 오는 짜릿함이 달리기의 가장 큰 매력 중 하나 일지도 모른다. 어쩌면 달리는 동안 고통이 클수록 완주 후 쾌감이 더 클 수도 있다. 문제는 그 쾌감의 중독성 때문에 많은 마라토너들이 고통 자체를 당연한 것으로 여기고 무리한 레이스를 펼치는 경우가 많다는 것이다.

달리기는 좋은 운동이다. 배우기 어렵지 않고, 큰 비용이 들지도 않는다. 혼자서도 할 수 있으며 장소나 시간에 구애받지도 않는다. 무엇보다 신체적·정신적·사회적 건강에 매우 유익하다는 이유로 마라톤 인구가 200만 이상에 이른다. 최근에는 가족 단위의 참가자들이 5km, 10km를 함께 달리면서 마라톤을 손쉽게 접할 수 있는 큰 즐거움을 추구하기도 한다. 이처럼 일반인들이 달리기를 즐기는 근본적인 이유는 기록 단축 이나 완주 때문이 아니라 달리기를 즐거운 삶을 살기 위한 하나의 수단으로 간주하기 때문이다. 기록과 완주에 얽매어 즐거움의 참뜻을 느끼지 못한다면 의미 없는 달리기로 전락될 것임을 명심해야 할 것이다.

달리기 사망사고의 예방

달리기는 부상이 적은 스포츠 중 하나로 볼 수 있다.

부상이 많은 스포츠라면 상대와 직접 부딪치고 속도감이 넘치는 럭비, 미식축구 등을 들 수 있고, 아이스하키나 유도, 태권도, 레슬링도 비슷할 것이다. 체조경기는 종목에 따라서 대단히 아슬아슬한 위험에 노출되어 있다.

비교적 부상이 적은 스포츠를 들면 상대와 직접 접하지 않는 테니스나 탁구 정도로 이들이 부상을 당했다는 소식은 별로 없다. 실제 통계를 보아도 이 두 종류의 스포츠가 가장 부상이 적다. 달리기는 이보다 훨씬 부상이 적은 스포츠이지만 신문이나 텔레비젼 뉴스를 보면 어느 선수가 대회 중에 졸도했다든가, 또 심지어 사망했다는 보도를 접하곤 한다. 과연 달리기는 위험한 스포츠인가 아닌가? 건강을 위한 달리기 운동이 오히려 사고로 연결되어서는 안 될 것이다.

달리기 사망 원인을 잘 살피면 피할 수 있다.

달리기 중에 일어나는 사망사고의 원인을 달리기 활동 그 자체에만 국한 할 수 있을까? 즉 사망한 자가 그 날 그 시간에 달리지 않았다면 아직까지 살아 있을 것이라고 확신할 수 있는 것인가? 원인에 따라 그렇지 않은 경우가 대부분이다.

심장병을 앓는 많은 사람들이 의식하던 의식하지 못하고 있던 달리기를 하지 않아도 매일 심장발작으로 사망하고 있기 때문에 달리기가 급사의 특징적인 조건은 아니라는 말이다.

그러면 달리기가 그런 치명적인 사망을 유발하는가? 우리나라 대회에서의 사망은 대부분 부검이 이루어지지 않기 때문에 확실하게 이야기할 수 없지만, 운동 중에 급사하는 모든 사람은 그 사망의 원인을 충분하게 설명해주는 심각한 질병, 즉 심장병을 앓고 있다고 알려져 있다. 그날의 온도, 습도, 풍향, 도로 상태 등 뿐만 아니라 일상생활의 모든 것이 달리기에 영향을 미친다. 엘리트 선수들은 이런 인식이 강하여 스스로 자신의 달리기 강도를 조절하지만, 대부분의 일반 마스터들에게는 그날의 운동에 방해가 되는 이런 일상적인 요인들에 대한 준비나 대처가 부족한 게 사실이다.

① 담배와 사고

담배를 피우면 담배 연기 속의 일산화탄소가 산소보다 10배나 강하게 혈액 속의 헤모글로빈과 결합하기 때문에 산소운반능력이 떨어지므로 최대산소섭취량이 적어진다. 또 담배 연기는 기관지에 있는 섬모들을 마비시켜 폐나 기관지에 있는 먼지 등의 불순물들을 밖으로 배출시키는 청소활동을 하지 못하게 하기 때문에 기관지가 막히거나 손상을 입게 되어 호흡기 질환에 잘 걸리게 된다.

니코틴은 사지로 가는 혈관을 수축시켜 혈액순환을 감소시키므로 추운 지방에서 운동할 때 동상에 걸릴 위험이 더 많아질 뿐만 아니라 심박수와 혈압을 증가시킨다. 흡연자의 심장발작 위험은 비흡연자의 2배이며, 흡연이 급사의 주요 위험요인이다.

② 알코올과 사고

하루 한두 잔의 와인은 노인들의 심장발작을 줄이는 등 건강 보호 효과가 있다고 알려져 있으며, 알코올은 액체이고 g당 4kcal가 발생하는 탄수화물보다 훨씬 많은 7kcal의 에너지를 낼 수 있기 때문에 달리기 중에 마시면 아주 좋은 에너지 보충제가 될 것으로 생각하는 사람이 있을 수 있다. 그러나 위나 소장을 통해 흡수된 알코올은 간에서 처음으로 아세트알데하이드로 분해되고 다시 아세테이트로 대사되어 간이나 근육에서 에너지 생산에 사용되지만, 근육의 아세테이트 분해 능력이 매우 낮으므로 운동 중 알코올 섭취는 전혀 도움이 되지 않는다.

오히려 알코올은 운동하는 동안 간에서의 포도당 방출과 근육의 혈당 사용량을 감소시키므로 근육에 축적된 글리코겐 이용률을 높여 지구성 운동능력을 떨어뜨릴 것이다. 소량(0.02~0.05g/dl)이나 중등도(0.06~0.10g/dl)의 혈중 알코올 농도는 유산소 능력을 감소시켜 800~1,500m의 달리기 시간이 늘어나며, 술의 이뇨작용 때문에 특히 더운 날씨에는 조기 피로 등 지구성 운동의 성취도뿐만 아니라 건강 자체에 심각한 영향을 미칠 수 있다.

③ 수면과 사고

하루 7~9시간의 즐겁고 깊은 숙면은 즐거운 식사와 기분 좋은 배변과 더불어 장수의 3대 비결로 알려져 있다. 수면부족은 곧 수명을 단축시키는 행위라는 연구보고처럼, 수면부족은 생체리듬, 특히 집중력과 위장기능, 피로회복 등에 즉각적인 악영향을 끼친다. 잠을 자지 않으면 뇌하수체에서 성장호르몬의 분비가 감소하기 때문에 수면부족은 신체능력 저하의 가장 중요한 원인으로 본다. 우리가 육체적으로 피로하거나 잠을 자지 못하면 아드레날린과 같은 비상 호르몬들이 분비되고, 이런 호르몬들의 영향으로 안정시 심박수가 증가되기 때문에 갑자기 운동 강도가 증가되거나 고강도 운동을 하게 되면 심박수가 증가하게 되어 심혈관계 질환이 있는 사람들에게는 불행한 사고가 생길 수도 있다. 그리고 우리가 잠을 자지 않으면 새벽이나 아침에 더 추위를 느끼듯이, 수면부족은 안정시의 체온을 떨어뜨리는 경향

이 있다. 그러므로 덥거나 습도가 높은 날, 수면이 부족한 상태에서 지구력 훈련을 하게 되면 갑자기 체온이 상승하여 열사병과 같이 열과 관련된 사고의 위험이 커진다.

④ 자각 부족과 사고

운동을 열심히 하거나 혹은 강도 있는 훈련을 하기 위해서는 자신의 목표에 맞는 여러 가지 운동 계획을 수립하고 그것을 지키는 것도 중요하지만, 우리가 고려해야 할 중요한 4가지 요소는 적당한 음식 섭취, 알맞은 수면 시간 유지, 육체적 과로의 회피와 일에서의 스트레스 제거이다. 다시 말하자면 이 4가지 요소 중 어느 것이라도 충분하지 않을 때는 대회나 훈련에서 자신의 몸을 너무 다그치지 말아야 한다는 것이다. 이와 함께 가장 중요한 것은 필히 운동부하 검사를 해서 사전에 자기 심장의 능력을 알고 달려야 한다는 것이다.

달리기 사망사고 예방할 수 있다.

첫째, 주자 자신의 대비가 가장 중요하다.

① 대회 당일 자신의 컨디션이나 대회 운영진의 충고를 존중한다.
의지의 인간승리보다는 건강한 완주가 중요하므로 몸이 좋지 않아 주로에 눕거나 걸으면서도 회수차 타기를 거절하는 것은 바람직하지 않다. 각 대회의 참가 코스, 주로나 날씨 등 위험요인들에 대한 개인적인 준비와 사전 완주 전략과 대비책을 수립해야 한다.

② 스트레스가 많을 때는 적절한 달리기 강도의 변화가 필요하다.
당직, 과음, 수면부족, 심리적 흥분, 피로, 고온다습한 기온, 찬 기온, 비바람, 몰아치기 훈련 등 비정상적인 상태에서는 안정 상태로 회복된 후에 정상적인 달리기를 한다.

③ 평소 규칙적인 운동으로 최상의 컨디션을 유지하도록 하고, 금연, 금주, 숙면, 충분한 영양섭취 등 건강생활 습관을 유지한다.

④ 평소 자신의 건강에 대해 과신하지 말고, 정기적인 신체검사와 체력검사를 실시한다.

둘째, 주최측의 예방대책

① 안전관리 책임자를 선정한다.

② 체계적인 의료지원 시스템을 구성한다.

레이스패트롤, 기동성 구급팀, 구간 고정 의료진, 본부의료진, 지원거점 병원 의료진의 유기적인 협조와 연락체계 보장, 사용 가능한 구급장비가 확보되어야 한다.

③ 심장마비와 같은 사고사에 대한 보험 장치가 필요하다.

④ 안전지원에 대한 사후 평가를 통해 필요한 요소를 보강한다.

달리고 사망한 사례

이 사례는 국내에서 조사 가능한 일부 사례일 뿐이며 실제는 이보다 훨씬 많은 사망사고가 있다. 또한 이 사례 내용은 당시 보도된 것을 그대로 인용한 것이다.

정규 국제 및 국내대회

- 2002. 4. 16. 새벽(이하 한국시각)에 열린 보스턴마라톤에서 레이스 도중 쓰러져 병원으로 후송된 신시아 르세로(28세)라는 여자 마라토너가 18일 끝내 숨졌다. 106년의 역사를 지닌 보스턴마라톤에서 사망사고가 발생한 것은 96년 스웨덴의 남자선수가 골인 직후 심장마비를 일으켜 사망한 이래 두 번째다.

보스턴=AP연합 2002. 4. 17

- 2002. 11. 23. 일본 교토(京都)에서 치러진 福知山마라톤 대회에서 풀코스에 참가한 齊藤盛雄씨(58세)는 출발 후 페이스가 맞는 주자와 이야기를 나누면서 함

께 달렸다. 전에부터 달릴 때 가슴에 통증을 느꼈고 그날도 달리면서 가슴의 통증문제로 이야기를 나누었다. 그날은 "가슴에 통증을 느끼지 못하겠고 컨디션이 좋다."는 말도 했다. 그는 37.5km 지점관문을 제한시간 3분 전에 통과했으나 약 500m 지나서 갑자기 쓰러졌다. 구급차가 바로 도착하여 심장 마사지를 했으나 심근경색으로 사망하였다.

같은 대회에서 또 다른 주자 戸田克雄씨(59세)는 약 27km 지점에서 쓰러졌는데 주자로 달리던 3명의 의사가 응급조치를 했으나 호흡을 되살리지 못했다.

두 사람의 주력(走歷)이 각각 20년, 10년이나 되는 베테랑 러너였다. 대회 당일 날씨는 흐렸고, 출발 시 기온은 섭씨 7도, 습도는 71%, 급수대는 2.5km마다 설치되어 있었다.

- 2002. 11. 23. 일본 나고야(名古屋)에서 열린 마라톤 대회에서 58세 회사원이 10㎞ 단축 마라톤에 참가했다가 달리던 중 쓰러져 심근경색으로 숨졌다.

문화일보 2002 . 11 . 26

- 2003. 5. 25. 일본 쿠로베市에서 개최된 10km 레이스에서 회사원인 砂本武生(29세)씨가 골인 직후 쓰러져 병원으로 후송되었지만, 급성심부전증으로 바로 사망했다. 오전 11시에 출발한 砂本씨는 오후 12시 04분에 골인한 후 10m 앞에서 주저앉으며 쓰러졌다. 대기 중인 의사가 접근했을 때는 심장이 정지된 상태로 심장 마사지를 하면서 후송되었으나 58분에 사망했다. 砂本씨의 친구는 "컨디션도 좋아 보였고, 페이스를 올려 먼저 앞으로 나갔다"며 砂本씨는 학생 때 육상경험이 있으며 1년에 두세 번 대회에 참가하고 있었다고 한다. 출발시점의 온도는 24.5°, 습도 57%, 풍속 1m로 기후조건이 나쁘지도 않았다.

- 2004. 2. 1. 10시 20분 경 경남 고성군 고성읍 교산리 교사삼거리 도로에서 고성군이 주최한 '제3회 이봉주 훈련코스 전국마라톤대회'에 참가한 이종문(66세, 경남 진주시 상대동)씨가 5㎞ 코스에 도전하여 출발 후 출발지점으로부터 약 500m 지점에서 심장마비 증세를 보이며 갑자기 의식을 잃고 쓰러져 마침 5km 반환점에 대기 중인 119 구급차가 10시 25분경 지령을 받고 즉시 출동하여 인공호흡, 기도유지 등의 응급조치를 병행하면서 고성서울병원으로 후송(10시 35분)하였으나 11시 05분 경 사망하였다.

  같은 날 12시 55분 경 경남 고성군 고성읍 공설운동장 입구 도로에서 같은 대회에 참가한 하무진(56세, 부산 우동)씨가 결승점을 약 400m 앞두고 종합운동장 입구에서 갑자기 의식을 잃고 쓰러지자 마침 같은 대회 참가했던 마산삼성병원 의사가 응급조치를 취하면서 응급차에 탑승하여 고성서울병원 응급실로 후송(13시)한 후 회복 기미가 있어 마산삼성병원으로 후송(14시 20분)하였으나 사망(15시 50분)함. 그는 마라톤 동호회 회원들과 함께 하프코스(21.0975㎞)에 도전하여 10시 35분 경에 대회장을 출발하여 완주지점을 400여m 남겨놓고 정신을 잃고 쓰러졌다.

이씨와 하씨는 모두 뒤로 넘어졌으며, 사망원인은 뇌출혈 또는 심근경색으로 추정된다. 이들은 이날 10시 경에 거리별로 다른 코스 참가자 9,946명과 함께 공설운동장 트랙에서 한꺼번에 출발했는데 날씨는 좋은 편이었지만 기온은 영하 1°로 다소 쌀쌀한 편이었다. 고성군 관계자는 이씨가 숨졌을 때 모든 코스 참가자들이 이미 출발한 뒤여서 마라톤을 중단시킬 수 없었다면서 매년 설 전후에 대회를 진행해 왔는데, 그간 추운 날씨에 마라톤은 노인들에게 위험하다는 지적이 있었던 것은 사실이라고 말했다.

- 2004. 10. 3. 10시 05분께 충북 청원군 문의면 미천리 문의파출소 인근 도로에서 제2회 청원생명쌀 대청호 마라톤대회에 참가했던 이모(48세)씨가 갑자기 쓰러져 인근 병원으로 옮겼으나 숨졌다. 이씨는 이날 청원군이 주최한 이 대회 5㎞ 코스에 도전, 3㎞ 구간을 달리던 중 갑자기 의식을 잃고 쓰러졌으며 경찰은 이씨 역시 갑자기 심장마비를 일으켜 쓰러진 것으로 보고 있다.

- 2005. 10. 16. 중국 베이징에서 열린 '2005 베이징 국제마라톤대회'에 참가한 왕모씨라는 마라토너가 풀코스 레이스 도중 27㎞ 지점에서 갑자기 쓰러져 병원으로 옮겼으나 숨졌다. 베이징대 부속병원 의료진은 이 마라토너를 살리기 위해 심폐소생술을 시도했으나 실패했다. 지난해 베이징 마라톤대회에서도 2명이 사망하는 사고가 발생했었다.

연합뉴스 2005 . 10 . 16

- 2006. 3. 12. 낮 12시 15분께 서울 송파구 올림픽 주경기장에서 열린 서울 국제마라톤대회에 참가했던 김모(50세, 자영업)씨는 골인지점 200m를 앞두고 서울 올림픽 주경기장 트랙에서 쓰러진 뒤 혼수상태에 빠져 인근 병원으로 이송됐다. 병원측은 김씨가 경기 도중 심근경색을 일으킨 것으로 보고 있다.

문화일보 2006 . 3 . 13

- 2010. 3. 21. 개최된 '2010 서울국제마라톤 겸 제81회 동아마라톤대회'에 참가한 60대 남성이 사망했다.
  일반인 자격으로 출전한 김모(62세)씨는 이날 오전 10시 52분 서울 용두동 용두4교 부근에서 갑자기 쓰러져 병원으로 옮겨졌으나 사망했다. 119구급대가 출동했을 당시 김씨는 의식을 잃은 상태였으며 심폐소생술 후 고대병원으로 이송했으나 결국 숨졌다.
  김씨는 평소 지병이 없었고 그간 수차례 마라톤 대회에 개인 자격으로 참가해 완주한 경험이 있었지만 22.4km 지점에서 쓰러져 끝내 사망했다.

아시아경제 2010. 3. 22

- 2011. 3. 27. 오전 10시 30분께 인천시 연수구 송도동 송도1교 고가도로에서 인천 '국제마라톤대회'에 참가해 코스를 달리던 최모(65세)씨가 경기도중 갑자기 의식을 잃고 쓰러졌다.
  최씨는 출동한 119 구급대에 의해 약 10분 만에 인근 병원으로 옮겨졌으나 숨졌다.
  한편 MBC는 최씨가 몇 년 전 심장병 판정을 받았지만 20년 마라톤 경력을 믿고 참가한 것이 사망원인이었다고 전하였다.

매일경제 2011. 3. 29

비정규 대회

- 1995. 10. 5. 오전 10시께 강원도 태백시 문곡동 태백종합운동장 앞 우회도로에서 태백제 단축마라톤 경기에 출전한 박모씨(남, 33세, 태백시 소도동)가 경기 도중 쓰러져 병원으로 옮겨졌으나 1시간 만인 오전 11시께 숨졌다. 박씨는 이날 태백제 체육행사의 하나로 열린 태백종합운동장~고려 의원 10㎞ 단축마라톤 경기에 참가했으나 출발하자마자 500여m도 못 뛰고 종합운동장 진입 다리 부근에서 갑자기 쓰러져 뒤따라오던 응급차량에 의해 병원으로 긴급 후송됐다. 한편 경찰은 박씨가 충분한 준비운동 없이 경기에 출전, 심장마비를 일으킨 것으로 보고 있다.

- 2001. 4. 12. 오후 4시 30분쯤 충남 계룡대에서 항공 사업단 소속 정모 소위(26세, 사관후보 105기)가 체력검정 연습 도중 쓰러져 병원으로 옮겨졌으나 숨졌다. 정소위는 오는 16일부터 23일까지 실시되는 체력검정을 앞두고 동료들과 함께 연병장을 네 바퀴 달린 뒤 잔디밭에 누워 휴식을 취하다 갑자기 동공이 풀리면서 쓰러졌다.
  지난해에도 수도방위사령부 소속 진모 중령(44세)과 항공작전사령부 소속 신모 준위(45세), 예비군 중대장 이모씨(45세, 예비역 소령)가 오래달리기 연습 도중 호흡곤란 증세를 일으켜 숨졌다.

국민일보 2001 . 4 . 13

- 2002. 10. 13. 충남 강경에서 열린 '2002 강경 젓갈축제'기념 '논산 황산벌 마라톤대회'의 10㎞ 코스에 참가했던 황모(47세, 전북 익산시 모현동)씨가 결승점을 500m 가량을 앞두고 쓰러져 숨졌다.

문화일보 2002 . 11 . 17

- 2002. 11. 10. 충북 청원군 소재 대청호 호반에서 개최된 '제1회 물사랑 대청호 전국 마라톤대회'의 5㎞ 미니코스를 달리던 임모(44세)씨가 의식을 잃고 숨졌다.

문화일보 2002 . 11 . 17

- 2002. 11. 17. 대전시체육회 주최 제3회 대전시민 마라톤대회 하프코스(21.097㎞)에 참가했던 김모(49세, A국책연구소 책임연구원, 대전시 서구 둔산동)씨가 대회 도중 갑자기 쓰러져 인근 병원으로 옮겼으나 숨졌다.

문화일보 2002 . 11 . 17

- 2003. 4. 5. 경기 분당에서 열린 '2003 굿데이 분당마라톤대회'에 참가한 홍모씨가(남, 32세)가 10km 코스를 완주하였으나 골인선을 통과하자마자 심장마비로 쓰러져 병원으로 옮겼으나 숨졌다.

- 2003. 5. 18. 경남 창원시 중앙동 시청로터리 광장에서 건강달리기 대회를 끝낸 한국전력 경남지사장 이모(56세)씨가 갑자기 호흡곤란 증세를 일으키며 쓰러져 병원으로 옮겼으나 숨졌다.

- 2003. 5. 20. 경기 고양시 일산에서 모 마라톤클럽이 주최한 대회 하프코스에 참가해 달리던 고양경찰서 김모(45세) 경사가 쓰러져 숨졌다. 김 경사는 평소 꾸준히 마라톤을 했으나 야근 등으로 매우 피곤한 상태에서 달리기를 한 것으로 알려졌다.

- 2004. 3. 28. 12시 30분 경 인천시 연수구 이마트 고가 원인재 옆 부근 출발점 기점 약 38km 지점에서 인천일보사가 주최하는 제4회 인천마라톤대회 풀코스(42.195km)에 참가한 인천시 서구 가좌3동 거주 공무원 이근홍(45세)씨가 갑자기 쓰러져 응급차에 실려 병원으로 옮기던 중 사망하였다.
  이씨를 태운 응급차에 근무했던 간호사 이모씨에 따르면 쓰러진 이씨의 입주위에 청색증이 나타났고 무호흡 상태에 빠져 응급조치를 취했는데 인천서해권역응급의료센터에 도착했을 무렵 이미 DOA(응급센터 도착 전 사망상태)가 나타났다. 동료들에 따르면 마라톤 매니아였던 그는 3년 전 인천시 서구청마라톤동호회에 가입, 활발한 활동을 하는 등 회원들 가운데 최고 기록을 보유하고 있을 정도의 실력파였다. 또 지난해 인천마라톤대회 풀코스에 참가해 완주하기도 했다고 한다.

  인천일보 2004. 3. 29

- 2004. 10. 3. 10시 40분께 부산 광안대교에서 부산바다 하프 마라톤대회에 참가한 부산 김해경전철㈜ 대표 박모(61세, 서울 강남구 대치동)씨가 갑자기 호흡곤란 증세를 보이며 쓰러져 병원으로 옮겨졌으나 낮 12시 5분께 숨졌다. 경찰에 따르면 숨진 김씨는 이날 오전 9시 30분께 회사직원 8명과 함께 해운대 올림픽공원에서 출발해 뛰던 중 6~7㎞구간에서 쓰러졌다 한다. 경찰은 김씨가 5㎞구간까지 잘 달렸다는 목격자들의 말에 따라 심장마비로 숨진 것으로 보고 되었다.

- 2004. 11. 7. 김현태(남, 30대)씨는 경남 거창에서 열린 거창사과 마라톤대회 당일 10시 10분 경 10㎞ 종목을 출발하여 반환점을 돌아서 11시 15분 경 결승점을 200여m 앞둔 지점에서 갑자기 쓰러져 즉시 응급차(사고 지점으로부터 약 50~70m 앞에 위치)로 산소호흡, 기도유지 등 응급조치를 취하면서 거창서경병원으로 후송(11시 25분)하였으나 과도한 심폐부담으로 인한 급성 심장마비로 12시 10분 경 사망하였다.

- 2004. 12. 12. '2004 진주 마라톤대회'에 참가하여 하프코스를 달리던 합천군청 소속 김모씨(남, 46세)가 결승점 150m를 앞두고 호흡곤란을 일으키며 쓰러졌다

가 병원으로 옮겨졌으나 사망하였다.

- 2005. 2. 27. 12시 40분 경 제2회 밀양아리랑 마라톤대회에 참가한 경남도청 소속 공무원 성 아무개(45세)씨가 사망했다. 성씨는 10km에 출전했는데 절반 정도 달리다 신체 이상을 느껴 중도에 포기하고 출발지점인 밀양공설운동장으로 걸어오다 쓰러져 곧바로 병원에 옮겨졌으나 사망하였다.

- 2005. 5. 13 오전 8시 20분쯤 청주시 분평동 모 피트니스 클럽에서 러닝머신으로 달리기를 하던 한 모(41세) 여인이 갑자기 쓰러져 숨졌다. 경찰은 한 씨가 무리한 운동을 하다 심장마비 등에 의해 숨진 것으로 보고 되었다.

CBS 청주방송 2005. 5. 13

- 2005. 9. 25. 11시 38분 경 경남 창원에서 열린 제2회 경남마라톤대회에 참가했던 마산시청 민원지적과 소속 이모(41세)씨가 달리던 중 갑자기 쓰러져 병원으로 옮겨졌지만 숨졌다.
  하프코스에 참가했던 이씨는 결승점(창원종합운동장)에서 불과 100여m를 앞두고 갑자기 호흡곤란 증세를 보이며 쓰러져 곧바로 119 구조대에 의해 인근 병원으로 후송되었지만 숨을 거두고 말았다. 경찰은 이씨가 평소 지병 없이 건강하였다는 유족들의 말에 따라 심장마비로 숨진 것으로 보고 되었다.

CBS 경남방송 2005. 9. 25

- 2005. 10. 16 오전 10시 30분쯤 경찰 창설 60주년을 기념해 열린 '경찰청 인권마라톤대회'에 참석했던 모 은행 차장 박모(46세)씨가 갑자기 쓰러져 인근 병원으로 후송돼 심폐소생술을 받았으나 사망했다.
  하프 마라톤 코스에 참가한 박씨는 잠실종합운동장에서 출발한 뒤 3㎞ 정도 달리다 잠실대교 남단 근처에서 호흡곤란 증세를 보이며 쓰러졌다. 목격자들은 "박씨가 숨을 헐떡이며 가슴을 움켜잡더니 힘없이 고꾸라졌다"고 말했다. 사내 마라톤 동호회 회원이기도 한 박씨는 수년간 마라톤을 해온 베테랑으로 지난해 하와이 마라톤 대회에 참가하기도 했다.
  병원 관계자는 "심장마비 증세로 사망한 것으로 보인다"며 "기온이 급격히 떨어지는 환절기에는 심장에 무리를 줄 수 있는 심한 운동은 피해야 한다"고 지적했다.

쿠키뉴스 2005. 10. 16

- 2006. 2. 16. 경남 창원공단의 국도변에서 마라톤 연습 중이던 이모(44세)씨가 급성 심장마비로 사망했다. 5~6년 전부터 마라톤을 해왔던 이씨는 근무를 마치고 달리기에 나섰다가 변을 당했다.

쿠키뉴스 2006. 3. 12

- 2006. 4. 2. 낮 12시 24분께 경남 합천군 합천읍 군민운동장에서 열린 제5회 합천벚꽃 마라톤대회 하프코스에 참가한 허모(66세, 부산시)씨가 결승점을 통과한 뒤 갑자기 쓰러져 병원으로 이송됐으나 숨졌다. 신고를 받고 출동한 119 구조대는 "허씨가 호흡을 하지 않는 등 심장마비 증상을 보여 심폐소생술 등 응급처치하면서 이송했으나 끝내 숨졌다"고 말했다.

합천=연합뉴스 2006. 4. 3

- 2007. 11. 4. 10시 35분 경남 거창군 위천면 황산리에서 열린 제4회 거창사과 마라톤대회에 참가한 오모(46세)씨가 갑자기 호흡곤란 증세를 보이며 쓰러져 병원으로 옮겨졌으나 오전 11시 18분께 숨졌다.
  경찰에 따르면 숨진 오씨는 5km 구간에 참가, 수승대국민관광휴양지 주차장에서 출발해 약 500m를 뛰던 중 쓰러졌다.
  경찰은 오씨가 호흡곤란과 함께 피를 토하고 쓰러졌다는 목격자들의 말에 따라 심장마비로 숨진 것으로 보고 되었다.

뉴시스 2007. 11. 5

- 2010. 11. 14. 경남 통영에서 열린 '제10회 이순신장군배 마라톤대회' 하프코스에 참가한 40대 남성이 경기 도중 쓰러져 숨을 거뒀다.
  마라톤대회에 출전한 조모(49세)씨는 오전 11시 30분경 통영시 통영대교 방향 오르막길을 달리던 중 쓰러져 의식을 잃었고 주변에 대기 중이던 119 구급차를 이용해 급히 인근 병원으로 이송되어 응급조치를 받았으나 끝내 심장마비로 숨졌다.
  조씨는 대구의 한 경찰서에 근무하는 경찰관으로 마라톤 동호회에 가입해 종종 경기에 출전해 온 것으로 알려졌다.

소비자가 만드는 신문 2010. 11. 17

- 2011. 4. 9. 오후 12시 14분쯤 합정동 양화대교 인근 자전거도로에서 제8회 전기사랑 마라톤대회에 참가한 회사원 강모(50세)씨가 갑자기 쓰러져 사망했다. 성산

동 서울월드컵경기장 평화광장에서 출발한 강씨는 전체 코스 21.0975km 중 17km 지점에서 심장마비를 일으켰다. 구조대가 현장에 도착했을 때 이미 호흡과 맥박이 멈춰 있던 것으로 전해졌다.
연세대 세브란스병원 응급진료센터 정성필 소장은 "과도한 운동은 심장에 무리를 줘 협심증 등 이상 증상을 유발할 수 있으니 평소 운동량을 크게 넘지 않도록 주의해야 한다"고 말했다.

국민일보 2011. 4. 9

- 최근 훈련 도중 군 장병들이 숨지는 사고가 잇따르고 있습니다. 지난 17일 강원도 원주 지역에 배치된 훈련병 21살 A씨가 부대 배치 하루만인 18일, 고열과 호흡 곤란 등의 증세를 보여 병원으로 옮겨졌으며 하루만인 19일 오전 숨졌습니다.
또 같은 날 오후 춘천 지역의 군 장병 역시 행군을 하다 탈수현상 등 장염 증세를 보이며 쓰러져 병원에서 치료를 받았습니다. 이에 앞서 지난 10일에는 화천 모 부대에서 신병교육을 받던 훈련병이 야간 행군 중 호흡 곤란 증세를 보여 병원으로 옮겨졌으나 숨졌고, 지난 17일에는 정기 체력 검정에 참여했던 철원 모 부대 소속 40세 강 모 준위가 달리기 도중 쓰러져 숨졌습니다.

YTN 2011. 6. 21

이상의 실례는 아주 일부에 불과하며 실제로는 훨씬 많은 사망사고가 일어나고 있다. 최근에 들어서는 공식적인 국제대회일수록 안전사고가 적은 편이며, 전국적·국제적으로 지방자치단체에서 주관하는 비정규대회일수록 사망과 상해사고가 많이 나타나고 있다. 이 사망과 상해 사고의 원인은 개인의 신체적 부적응이나 부주의가 대부분이다.

Chapter 02

정신적 손상

과훈련 증후군

과훈련 증후군(Overtraining syndrome)은 만성적으로 운동 능력이 떨어진 상태에서 나타나며, 과도한 훈련 부하로 인해 신체적인 무리를 가져온다. 또한 과훈련 증후군은 운동능력을 떨어뜨리는 중요한 원인이 되기 때문에 충분한 휴식시간을 가져 빨리 회복하는 것이 중요하다. 하지만 대부분의 러너들은 자신의 운동 능력이 떨어지면 훈련이 부족했다고 생각해서 오히려 운동을 더 많이 하는 양상을 보여 오히려 운동 능력이 더 심하게 감소되는 경향을 보인다.

과훈련 증후군의 원인은 아직 완전히 밝혀지지는 않았지만 여러 가지 원인론이 제기되고 있으며 심리적으로 경쟁심, 승리욕구, 비현실적인 목표, 타인의 기대가 모두 스트레스로 작용하여 개인의 스트레스 내성을 약화시킨다. 과훈련 증후군에 걸린 사람을(선수를) POMS(profile of mood state)라는 심리 측정 도구로 측정하면 불안, 우울에서 부정적 결과가 나타나는 것을 확인할 수 있으며, 자심감 및 경쟁심 또한 저하되어 훈련에 대한 의욕이 상실된다

표 2-1 과훈련/피로 증후군의 지표들

감정과 행동의 변화들
• 열정과 의욕의 상실, 전체적인 무감각, '나는 관심 없어' 하는 태도, 삶에 즐거움이 없음.
• 경쟁에 대한 즐거움과 욕망의 상실, 경기 중 빨리 그만두기를 바람.
• 무기력감, 나른함, 권태
• 기분이 언짢음, 불평, 쉽게 신경질적임, 끔찍함, 불안함, 의기소침, 이완될 수 없음, 지루함.
• 일에 집중할 수 없음. 학업 수행이 잘 안 됨.
• 수면습관의 변화 특히 불면증.
• 잠자리가 상쾌하지 않음.
• 식욕을 잃음.
• 성욕을 잃음.
• 협응이 잘 안됨. 일반적으로 행동이 어색함.
• 밤에 수분섭취 증가. 갈증을 느낌.

출처 : 달리기의 제왕 p.633 덤 녹스 지음

달리기와 중독

달리기를 하다보면 기분이 상쾌해지고 이러한 좋은 기분은 하루 종일 지속 된다. 이 좋은 느낌은 머릿속에 기억되어 달리기를 갈망하고 찾아 나서도록 유인하는 등대와 같은 역할을 하게 된다.

이러한 현상을 일반적으로 도취감(runner's high)이라고 할 수 있으며 긍정적인 달리기 중독 현상의 시작이라고 할 수 있다. 달리기에서 도취감이란 용어가 처음으로 사용될 당시에는 30~50km를 달린 후에 경험하는 마약복용과 비슷한 도취 상태를 의미하였다.

그러나, 또 다른 달리기의 심리적 조건으로 강박적 행동을 들 수 있다. 강박적 행동의 극단적 형태인 강박성 신경증은 신체가 경직되고 과도하게 집중된 태도, 기술적 세부 사항에 대한 집착, 감성적이지 못한 지나친 의지 걱정과 현저한 자아비판, 도덕적이고 직업적인 책임에 대한 지나친 걱정, 계획표와 알림표에 쓰인 대로 행동하며 끊임없이 동일한 일상을 반복하게 하는 특성을 보인다.

Chapter 03

신체적 손상

운동을 통하여 많은 사람들은 건강을 유지하려고 한다. 하지만 운동을 즐기는 사람들 중 많은 사람들이 근육통이나 관절통 같은 가벼운 상해는 물론 탈구나 골절 같은 중증 상해에 이르기까지 수많은 운동 상해를 경험하게 된다.

운동 상해는 스포츠 활동에 참여하고 있는 동안에 일어나는 모든 신체상의 피해를 의미(윤효원, 2009)하는 것으로 뼈나 관절에만 한정된 것이 아니라 더 넓은 신체기관 즉, 신경계, 체격, 자세 등에도 해당된다고 말할 수 있다(이영숙, 1997).

달리기 운동 상해의 종류

염좌(sprain, wrench)

관절에는 전후·좌우로 흔들리지 않게 고정시켜 주는 인대(ligament)라는 조직이 있으며, 달리기 중에 또는 사고에 의해 발생하는 강한 힘에 의해 관절이 한 방향으로 꺾일 때 인대에 손상을 가져 오게 되고, 흔히 삐었다라고 말하며 의학용어로는 염좌라고 부른다.

염좌가 발생하면 통증과 함께 부종이 나타나며 관절내의 모세혈관 등의 파열로 인한 피하출혈반(일명, 멍)이 생기고 관절의 운동장애가 유발된다. 염좌가 주로 발생하는 부위로는 발목이 가장 많으며 무릎, 어깨, 허리, 목, 손, 발가락 등 인체의 모든 관절에서 발생될 수 있다.

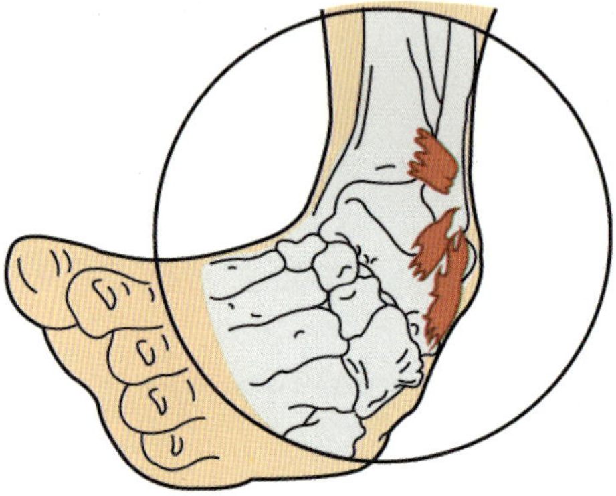

그림 2-1 염좌로 인한 부상

골절(fracture)

뼈에 금이 가거나 부러진 경우를 골절이라고 한다. 달리기의 경우에서는 수일 또는 수주일 이상 반복되는 작은 외상성 스트레스로 인하여 피로골절이 많이 생긴다. 많은 러너들에게 나타나는 피로골절은 외상없이 어떤 뼈에 국한되어 갑자기 통증이 발생하는 것으로, 평상시에는 느끼지 못하지만 달릴 때에 극심한 고통이 발생한다.

주로 정강이뼈에 많이 생기며, 발가락뼈, 비골 등의 순으로 발생한다. 스트레스성 골절의 특징은 2~3주 동안에는 X-ray 상에 증상이 발견이 되지 않는다. 따라서 완전 휴식 후 호전되지 않는 경우에는 스트레스성 골절이 아닌 다른 이상의 증상이므로 전문의를 찾아 정밀검사를 받아야 한다. 스트레스성 골절의 치료에는 완전한 휴식이 최고의 치료법으로 알려져 있다.

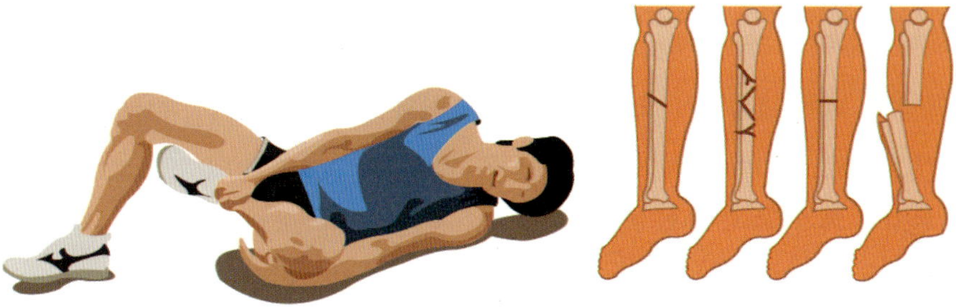

그림 2-2 골절로 인한 부상

건염(tenonitis)

건이란 뼈와 근육의 연결 부위로 운동을 할 때 여러 가지 형태의 건들에 무리가 생겨 염증이 일어나 건염이 된다. 따라서 달리기 시 많이 사용하는 무릎과 발목의 건 또는 이를 둘러싸고 있는 건초에 무리가 가서 염증이 생기면 이때에는 즉시 달리기 운동을 중단하고 냉찜질과 마사지를 실시하는 것이 효과적이다. 이는 통증이 사라질 때까지 냉찜질, 마사지와 더불어 스트레칭을 지속적으로 실시해 주어야 한다.

그림 2-3 건염으로 인한 부상

타박상(bruise)

외부의 힘에 의해 피하조직, 근육, 관절 등에 상해를 입는 상태를 말하며 외부 힘의 강도와 타격을 받은 자리에 따라 정도의 차이가 있고 어떤 경우엔 출혈이 동반된다. 타박상 시 근육조직이 가장 큰 충격을 받으며 그 기능 또한 일시적으로 약해지게 된다. 이때에는 R.I.C.E 방법을 실시하고 탄력붕대로 압박 후 거상을 실시한다.

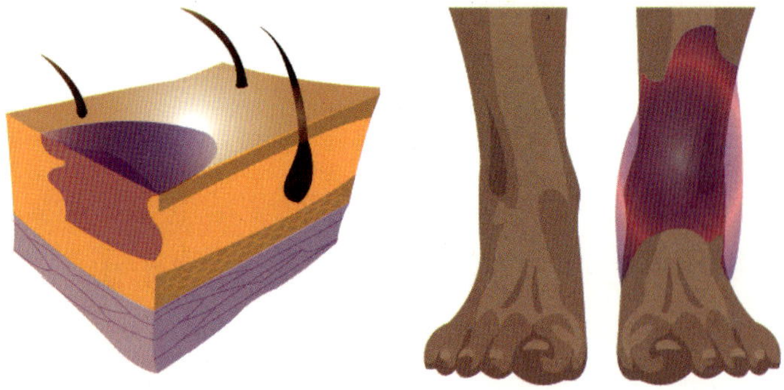

그림 2-4 타박상으로 인한 부상

Tip

R. I. C. E (자가부상처지법)

- R : REST (안정)
- I : ICE (냉각)
- C : COMPRESSION (압박)
- E : ELEVATION (거상)

R. I. C. E (자가부상처지법)는 염좌, 타박 등 심한 통증을 동반하는 응급 상황에 적합한 처치 방법이다.

신체 부위별 상해

무릎 부상

❶ 장경인대염(무릎바깥쪽 통증)

장경인대는 엉덩이 부근부터 무릎 바로 아래까지 다리 옆을 따라 내려오는 인대로서 달리기 중에 손상을 당하는 경우가 많다. 스피드를 올리거나 내리막길에 무릎바깥쪽의 통증이 심해져 무릎을 펴고 구부리지를 못한다. 이 부상은 발과 발목이 너무 많이 바깥쪽으로 비틀려져서 발생된다. 예방방법으로는 장경인대에 냉찜질, 테이핑, 마사지와 더불어 스트레칭을 실시해야 한다.

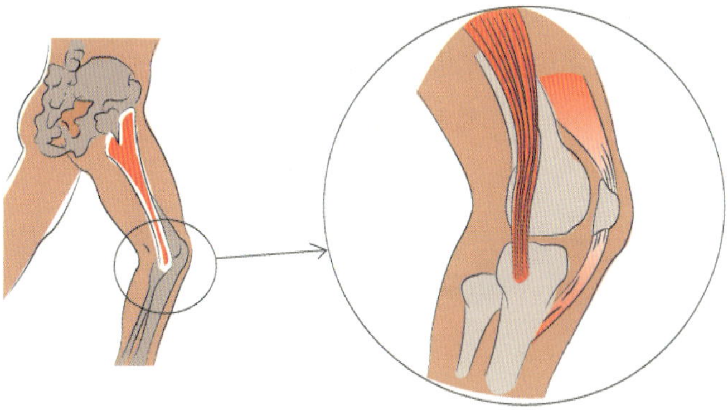

그림 2-5 장경인대염

❷ 오리발건염(무릎안쪽통증)

대퇴 안쪽의 굽히는 힘줄(굴근건)을 무릎 안쪽에 부착하는 부분(봉공근, 반건양근의 건의 부착부)에 염증이 생겨 무릎아래의 안쪽이 아프다. 달리기 연습을 줄이면 통증도 감소되지만 연습량을 늘리면 다시 아파온다. 따라서 주행거리를 줄이고 달리기 후에는 냉찜질, 테이핑, 마사지, 스트레칭을 해주는 것이 효과적이다.

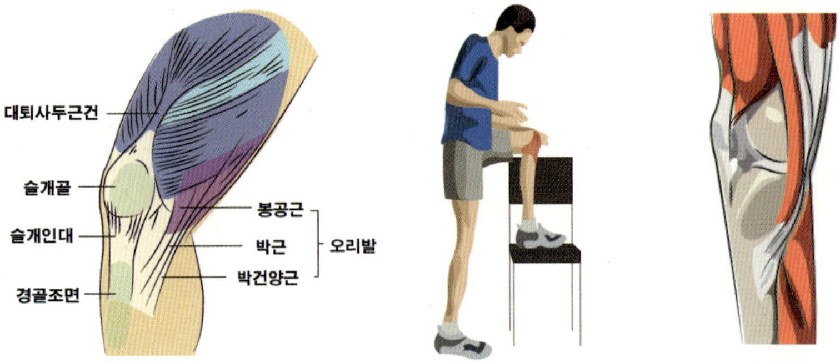

그림 2-6 오리발건염

③ 슬개인대염(무릎뼈 아래통증)

무릎뼈(종자뼈 - 관절을 지나가는 힘줄에서 형성되어 힘줄이나 인대의 속에 있는 뼈) 아래측이 아프고 딱딱 소리가 나며 달리기 중반에까지 통증이 나타난다. 통증은 조금 달려 몸이 데워지면 경감하지만 착지나 내리막에서는 심해진다. 무릎부위를 너무 많이 사용한 것이 원인이므로 연습량을 줄이고 달리기 후에는 얼음찜질을 하는 것이 효과적이다. 대퇴사두근의 스트레칭과 근육강화 훈련이 예방법이다.

그림 2-7 슬개인대염

④ 연골연화증(무릎뼈 안쪽의 통증)

무릎을 펴고 구부릴 때 특히 내려올 때 무릎뼈의 주위나 안쪽이 아픈 경우이다. 종자뼈의 위치나 형태에 이상이 있는 경우는 서포터(Supporter)로 안정시켜야 할 필요도 있다. 안쪽으로 비틀리는 회내형 발을 가진 사람에게 많이 발생한다.

대퇴사두근과 슬굴곡근을 중심으로 통증이 발생하지 않는 범위에서 등척성 운동과 등장성 운동을 병행한 운동을 꾸준히 실시하는 것이 좋다.

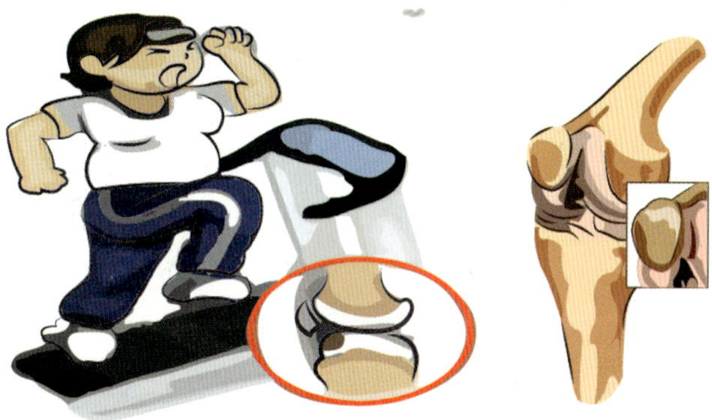

그림 2-8 연골연화증

발-발목 부상

① 족저근막염(발바닥 및 발뒤꿈치)

달리기를 하는 사람들 중에 뒤꿈치 통증을 호소하는 사람들이 많이 있다. 여러 가지 원인이 있지만 그 중에서도 족저근막염이 가장 흔하다. 족저근막은 발바닥을 싸고 있는 단단한 막이며 스프링처럼 발바닥의 충격을 흡수하거나 아치를 받쳐주는 중요한 역할을 한다. 족저근막 중 뒤꿈치 뼈에 부착되어 있는 부위가 과로해서 부어 염증이 생기는 것을 족저근막염이라 한다.

이는 달리기를 너무 오랫동안 하거나 발바닥을 혹사해서 족저근막에 손상이 발생하는 것이다. 딱딱한 시멘트 도로에서 달리기에 적합하지 않은 일반운동화를 신고 과도한 달리기를 하거나 급격한 체중 증가나 오래 서있는 경우, 평발이나 아치가 높은 발을 가진 경우 등도 원인이 될 수 있다. 예방법으로는 힐패드 사용, 냉찜질, 테이핑, 마사지 및 스트레칭을 꾸준히 하면 도움이 된다.

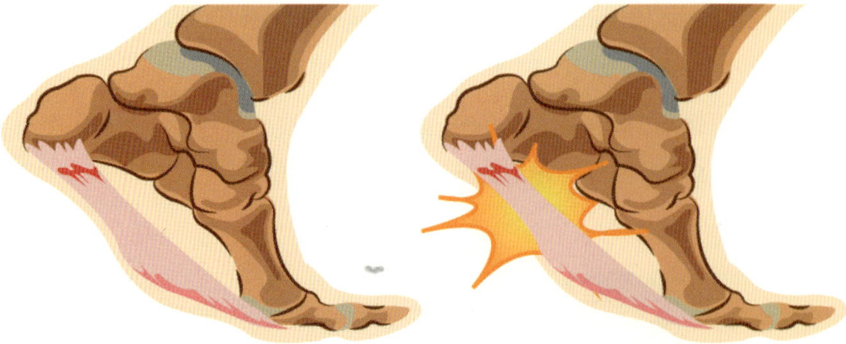

그림 2-9 족저근막염

❷ 발목 염좌(삠)

가장 흔한 경우는 발목이 가동범위를 벗어나 발생하는 경우로 이때에는 바깥쪽 복숭아뼈의 아랫쪽이 심한 통증과 함께 부어오르게 된다. 이런 종류의 염좌는 한번 발생하면 자주 반복되는 경향이 있어 첫 발생 시에 잘 치료하여야 한다. 발목의 염좌를 예방하기 위하여 준비운동, 냉찜질, 테이핑, 마사지 및 스트레칭을 꾸준히 하면 도움이 된다.

그림 2-10 발목염좌

③ 아킬레스건 부상

아킬레스건염은 건 자체의 염증으로 지나친 달리기나 노화로 인해 약한 건부분에 미세한 분열이 생긴 것을 말한다. 달리기 도중 갑자기 튀어나오는 물체를 피하는 등 돌발적인 상황이 일어날 수 있는 도로에서의 달리기는 피하는 것이 바람직하다. 가장 좋은 예방법으로는 모든 부상에 적용되는 방법이지만 달리기 전·후에 충분히 스트레칭을 실시하여 근육에 피로가 쌓이지 않게 하는 것이다.

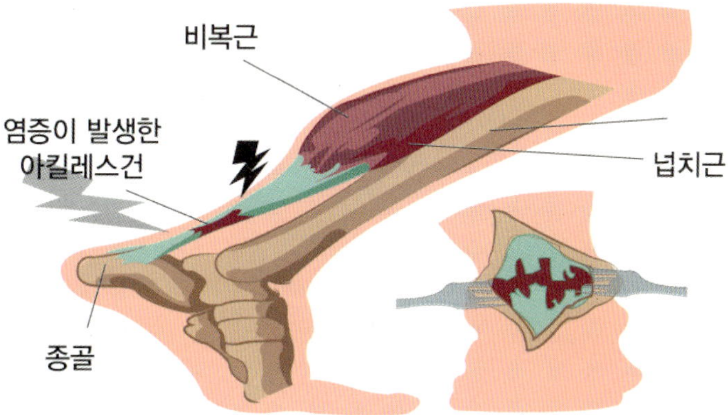

그림 2-11 아킬레스건 부상

④ 조하혈종(발톱피멍)

발톱안쪽에 출혈이 생겨 발톱주위의 피부와 떨어져 발톱 안쪽이 검게 변하는 것을 조하

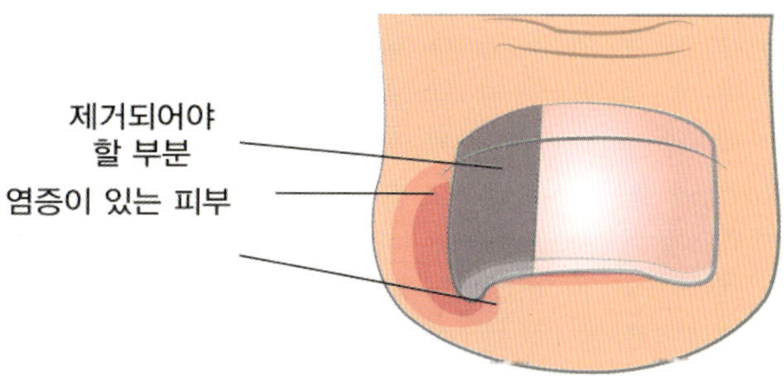

그림 2-12 조하혈종

혈종이라고 한다. 조하혈종은 발톱이 신발에 압박되어 발생하는 것으로 신발이 작아 발 앞 부분에 여유가 없는 신발, 길게 자란 발톱, 상하굴곡이 많은 코스 등이 그 원인이다.

⑤ 중족골 피로골절(발등통증)

발바닥을 지탱하는 중족골은 달리기나 점프 시에 발의 아치의 일부로서 한 부분에 큰 힘을 반복해서 받으면 과로로 피로골절이 일어나기 쉽다. 제2, 제3, 제4 중족골에 잘 발생한다.

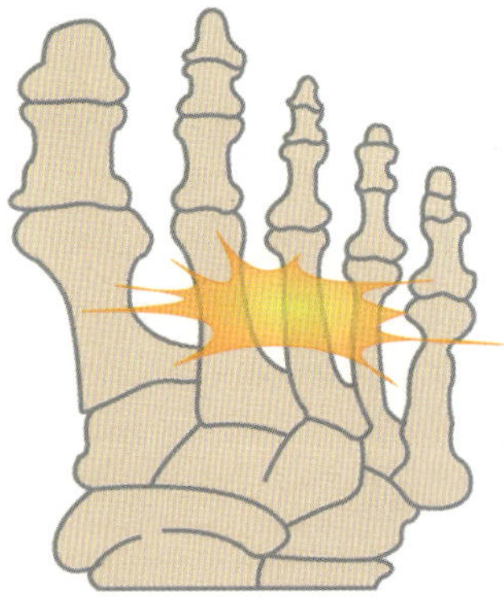

그림 2-13 중족골 피로골절

⑥ 건초염(안쪽 복사뼈 통증)

발의 안쪽 복사뼈가 아픈 경우는 발목의 건초염(힘줄윤활막염, tenosynovitis)을 의심해 보아야 한다. 부상이 있는 건초를 누르면 통증이 있고 건을 긴장시키는 동작을 했을 때 통

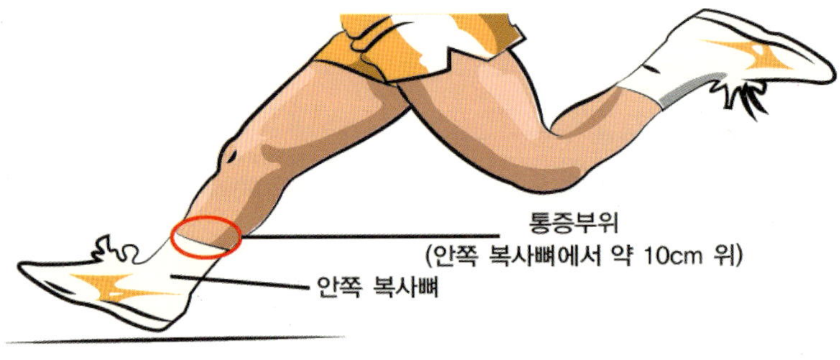

그림 2-14 건초염

증이 나타나면 건초염으로 쉽게 진단할 수 있다. 부상을 일으키는 건의 이름을 진단명으로 사용하는 경우도 있지만 건의 어려운 이름을 거명하는 것보다는 일괄하여 건초염이라고 부르는 것이 일반적이다.

다리(대퇴 및 하퇴) 부상

① 경골과 근막의 손상(Shin Splint, 정강이통증)

장딴지 근육이 수축할 때 정강이에 생기는 압력에 의해 경골이 손상되거나 정강이뼈의 안쪽이나 바깥쪽 근육에 손상이 생길 경우 정강이에 통증이 온다. 일반적으로 과도하게 사용하면 근육에 염증이 생기거나 피로골절까지도 나타날 수 있다. 종아리 앞부분에 통증이 발생하므로 통증이 사라질 때까지 약 2~3일 정도 냉찜질을 해주는 것이 좋으며, 통증이 계속될 때에는 전문의의 상담을 통해 처방을 받아 약물치료를 하고 통증이 사라질 때까지 휴식을 취하도록 한다.

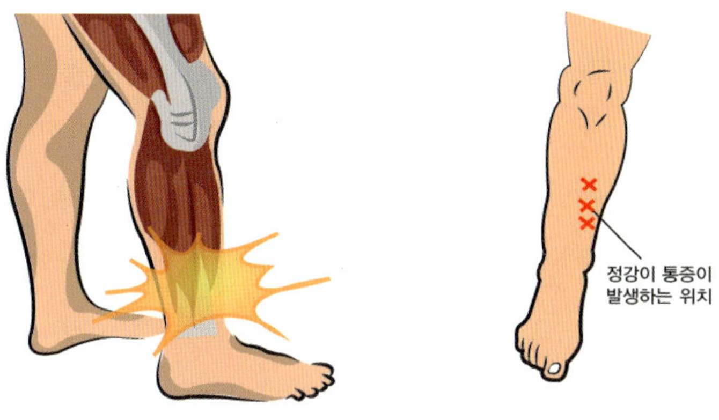

그림 2-15 경골과 근막의 손상

② 햄스트링(슬굴곡근) 부상

햄스트링 부상은 대퇴이두근의 손상으로 갑자스럽게 힘을 쓸 때 또는 근육통이나 과도한 긴장으로 인해 발생하고, 손상이 생긴 지 3주 정도 지나면 대부분 회복이 되나 계속적으로 멍이 들어 있으면 심각한 손상으로 판단하고 전문의에게 진료를 받아야 한다. 걷기와 가벼운 스트레칭으로 통증을 완화시키고 2~3주 후에 조심스럽게 다시 달리기를 하는 것이 좋다.

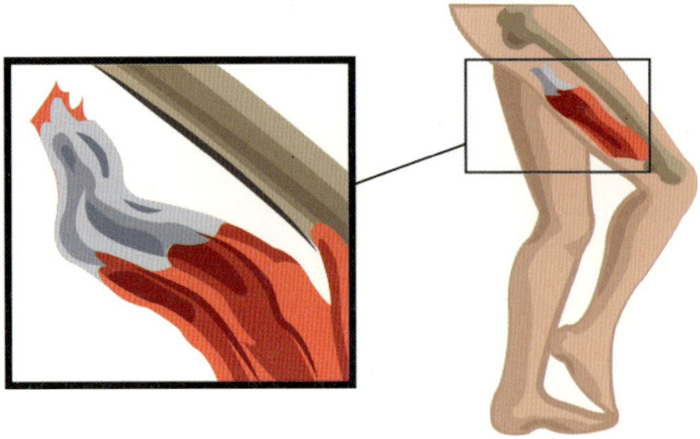

그림 2-16 햄스트링(슬굴곡근) 부상

③ 대퇴 경련(대퇴후면 쥐남)

경련은 일반적으로 근육의 통증을 동반하며 강하게 수축하는 현상이다. 장시간을 달리거나 갑작스럽게 빨리 달리거나 하면 경련이 일어나는데 근섬유 사이를 지나가는 혈관들이 압박을 받아 근조직으로 가는 혈류가 차단되어 허혈상태가 유발된다. 이때 근육을 이완시켜주면 통증을 해소할 수 있다.

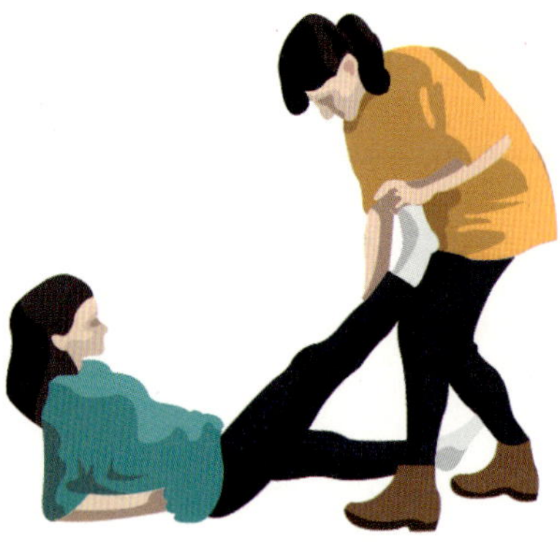

그림 2-17 경련

❹ 피로골절

피로골절은 과도하게 몇 번이고 같은 움직임을 반복함으로써 뼈의 일부분에 스트레스가 쌓여 야기된 골절을 말한다. 피로가 남아 있는데도 훈련을 강행하거나 부자연스러운 자세로 콘크리트와 같은 딱딱한 도로를 무리하게 달리면 근육에 염증이 발생하는 원인이 된다. 이를 무시하고 계속 무리하게 달리기를 하면 뼈에 부착되어 있는 근육이 탄력을 잃고, 결국에는 완전한 골절에 이르게 된다.

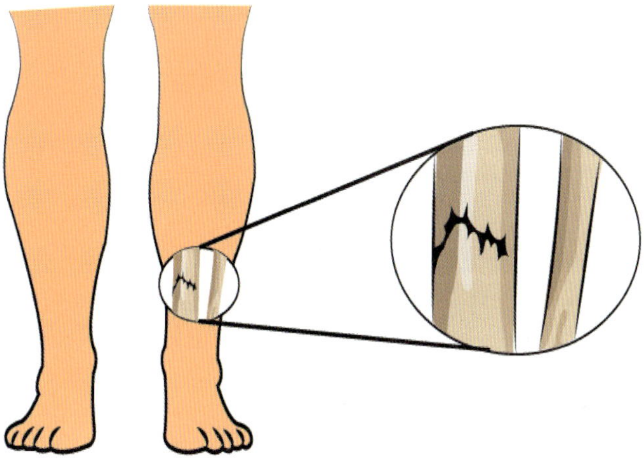

그림 2-18 피로골절

❺ 하퇴 삼두 근육이탈(종아리통증)

달리기 중에 종아리에 갑작스런 통증이 느껴져 달리기를 할 수 없는 경우를 하퇴 삼두 근육이탈이라고 말한다. 종아리 근육(비복근)의 안쪽을 누르면 통증이 있고 종아리 근육에 힘을 주거나 다리를 펼 때 통증이 강하게 나타난다. 하퇴 삼두 근육은 무릎을 구부리거나 뒤꿈치를 들고 까치발을 설 때에 움직이는 근육으로 달리기, 점프를 비롯하여 모든 스포츠에서 사용되어지는 근육이다.

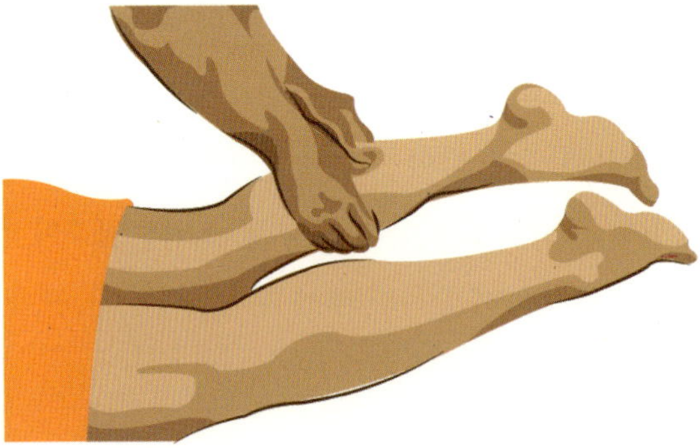

그림 2-19 하퇴 삼두 근육이탈

복부 및 허리부상

❶ 요추추간판탈출증(디스크)

허리를 앞으로 굽히는 것이 거의 불가능하고 등을 바닥에 대고 누워서 다리를 올렸을 때 허리에 통증이 느껴진다. 또한 저림이 있는 쪽의 발가락을 뒤로 젖히는 힘이 다소 약해지고, 정강이의 바깥쪽으로부터 발의 안쪽에 걸쳐 닿는 느낌이 약해지는 것이 요추추간판탈출증의 증세이다.

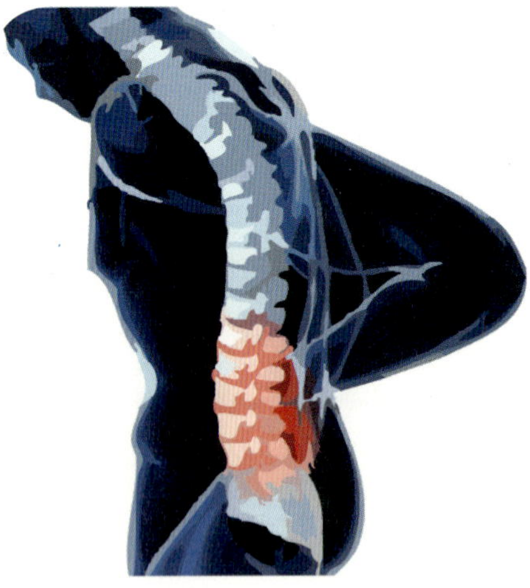

그림 2-20 요추추간판탈출증

② 달리기와 옆구리 통증

옆구리 통증은 초보자들에게 흔히 나타나며 달리기를 할 때 갈비뼈 바로 밑에 통증이 발생한다. 무조건 반사에 의해 횡격막에 압박이 가해져 나타나는 통증이 그 원인으로 알려져 있으며, 음식 알레르기(우유 등)와 달리기 전의 식사 등도 옆구리 통증의 원인이 될 수 있다. 또한 평소보다 훨씬 멀리 달리거나 더 빠른 페이스로 달릴 때, 달리기 3~4시간 전에 과식이나 과음도 한 이유가 될 수 있다.

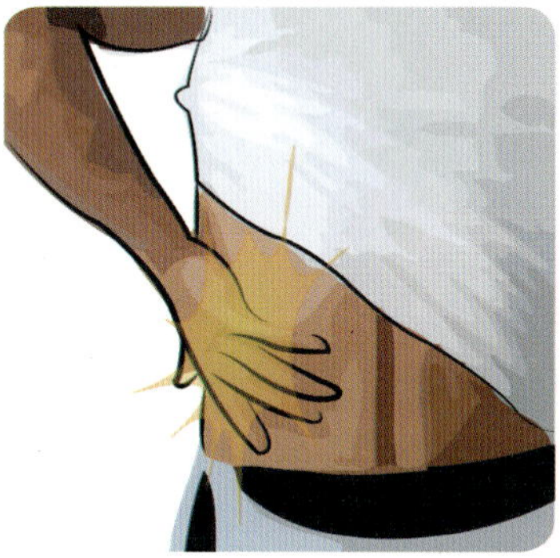

그림 2-21 달리기와 옆구리 통증

③ 달리기와 허리통증

러너에게 허리통증은 매우 자주 발생하는 병증의 하나이다. 통증의 정도도 다양하여 통증이 너무 심해 몸을 움직일 수 없는 경우부터 통증이 가벼워 활동하는데 약간 불편할 정

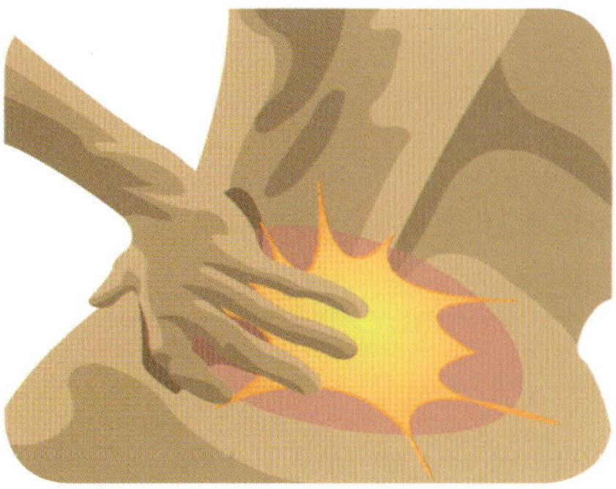

그림 2-22 달리기와 허리통증

도까지 실로 다양하다. 통증의 원인은 근육이 지속적으로 수축해 있음에 따라 그 근육에의 혈액공급이 부족하게 되고, 결국 악순환이 되풀이 되어 통증이 유발되는 것이다.

달리기 상해의 응급처치와 예방

응급처치 방법

달리기 운동 시 상해를 입었을 때, 현장에서 신속하게 올바른 응급처치가 적절히 이루어져야만 초기의 상해정도를 최소화할 수 있고, 동통과 염증을 감소시킬 수 있을 뿐만 아니라, 손상된 조직을 신속히 치유할 수 있다. 운동 상해의 기본 처치는 크게 보호, 휴식, 냉찜질, 압박, 거상, 고정 및 지지의 6단계로 분류된다.

① 보호

일단 신체에 손상을 입게 되면 손상된 부위를 더욱 악화시키지 않도록 보호하는 것이 가장 최우선적으로 이루어져야 한다.

② 휴식

달리기 중 상해 발생 시에는 안정과 휴식을 취해야 하며, 적어도 3일 이상은 신체 활동을 금하는 것이 바람직하다.

③ 냉찜질

즉시 얼음이나 냉수를 사용하여 출혈과 액체 상실로 야기된 통증을 경감시키고, 부기를 억제할 수 있도록 손상부위에 냉찜질을 실시한다. 손상의 정도가 가볍다면 약 10~15분간 냉각을 지속적으로 실시하되 신체가 차갑고, 찌르는 듯한 느낌과 둔한 듯한 느낌이 든다면 주위 조직에 손상을 초래할 수 있으므로 혈액 순환을 정상으로 되돌린 다음 약 30~40분 후에 다시 냉찜질을 반복 실시한다.

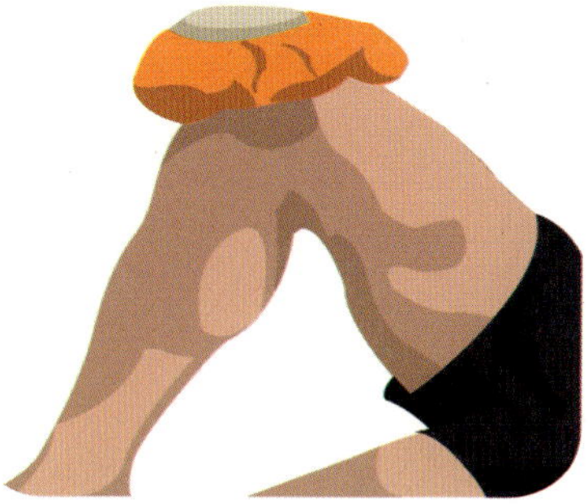

그림 2-23 상해 부위의 냉각

④ 압박

달리기 중 상해 초기에 행하는 압박처치는 지혈과 부기 억제를 위한 방법으로 탄력 붕대나 테이프 등을 사용하는 것이 바람직하다. 그러나 잘못된 붕대 압박은 근육장애, 신경장애, 혈액 순환장애를 초래하므로 올바른 붕대 적용 방법과 압력이 요구된다.

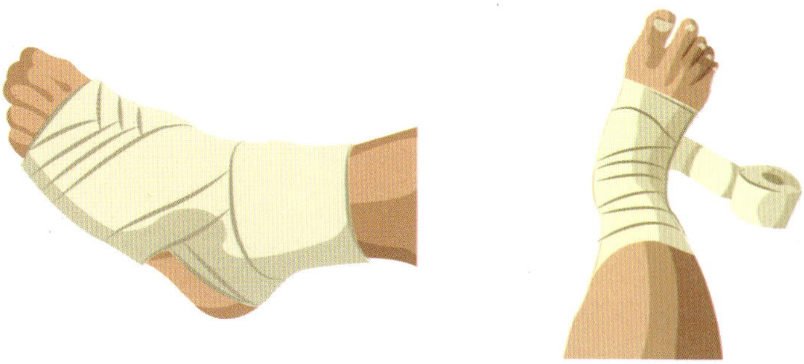

그림 2-24 상해 부위의 압박

⑤ 거상

달리기 중 상해 발생 시 상해부위를 심장보다 높게 올리는 거상처치는 과잉 출혈을 줄여주고 부종을 최소화시키며 상해부위의 불순물 생성을 억제할 수 있어 상해 직후 필수적이다.

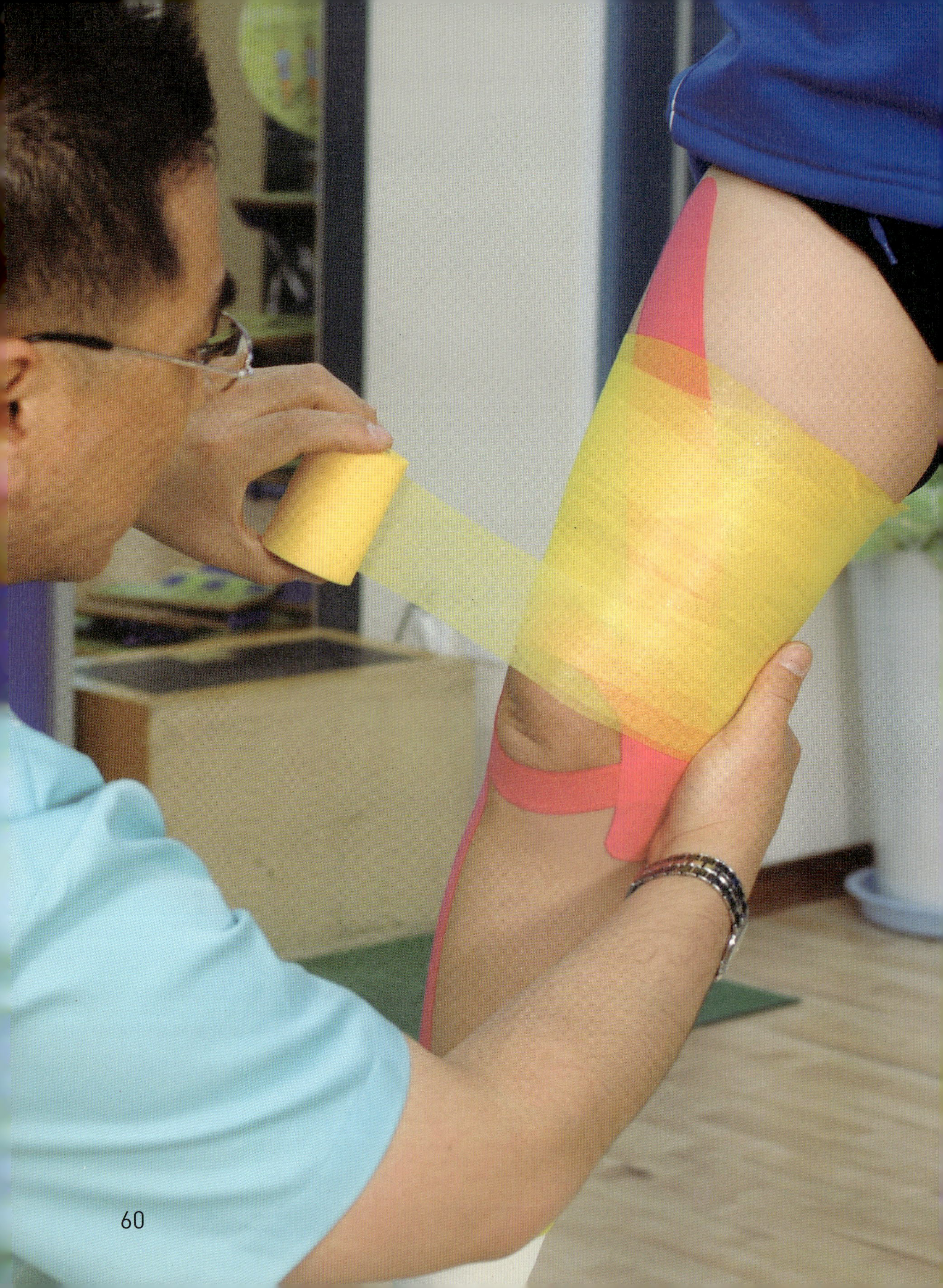

Tip

올바른 붕대 압박 방법

- 상해부위보다 좀 더 넓은 면적에 적용한다.
- 상해부위 하단부에서 상단부 쪽으로 나선형 감기를 행한다.
- 환부에는 약간 부드럽게 감싸고, 그 주변은 약간 더 압박한다.
- 압박이 끝난 후 압박 부위의 움직임을 확인한다.
- 주기적으로 피부색, 체온, 환부의 감각을 검사한다.

⑥ 고정 및 지지

달리기 중 상해 발생 시 하지쪽 주변의 인대 및 다른 결합조직에 손상이 있을 수 있기 때문에 테이핑(taping)을 통해 관절의 가동범위를 부분적으로 제한하면서 보호하여 신체활동을 통한 악화를 방지하기 위해 상해부분을 고정하거나 지지해 줄 필요가 있다.

운동 상해의 예방

운동 상해는 크게 내적상해와 외적상해로 분류할 수 있는데, 내적상해(Intrinsic Injuries)는 러너 자신의 신체활동 자체에 의해 발생하는 상해를 말하며, 격렬한 근 수축이 갑작스럽게 발생되거나, 부적합한 신체 상태에서 운동을 하거나, 부족한 기량 등에 의해 발생된다. 따라서 내적상해 시 적절한 컨디션 조절과 훈련 방법의 개선으로 대부분의 예방이 가능하다(서준호, 2002). 반면 외적상해(External Injuries)는 외부 물체와의 사이에서 발생되는 상해를 말하며, 기구 및 장비시설의 불량이라든가 환경적인 결함 등이 주원인이 된다. 근육의 단열, 아킬레스건의 단열, 골절, 염좌, 탈구는 가장 빈도가 높은 외상이며, 이러한 상해는 충분한 휴식, 자신의 신체조건에 맞는 운동방법, 그리고 보호대 착용, 테이핑과 마사지 등을 이용하면 어느 정도 줄일 수 있다.

특히, 달리기 시 상해가 발생하는 가장 흔한 원인은 신발 문제, 잘못된 달리기 방법, 환경 요인, 해부학적 이상 등이며 이러한 위험요인에 주의하면 대부분 예방이 가능하다.

① 신발

러닝슈즈는 충격흡수력, 움직임의 컨트롤, 안정성, 쾌적함 등을 구비하고 있지 않으면 안 된다. 신발은 400~800km 달리면 충격흡수력의 60%를 잃게 된다고 한다. 따라서 매주 16km를 달리는 사람이라면 9~12개월 후에는 새로운 신발로 바꿔줘야 한다.

② 잘못된 달리기 방법

자신의 운동능력을 무시하고 빠른 속도와 높은 강도로 달리기를 하는 것만큼 잘못된 달리기 방법은 없을 것이다. 누구라도 한계가 있어서 이 한계를 넘으면 스포츠 상해가 발생한다. 거리를 서서히 늘리거나 줄이는 것은 개인의 운동능력에 따라야 한다.

③ 지속시간

적어도 25~35분간, 주 3~4일 또는 1일 간격으로 달려야 한다. 더욱이 거리를 늘리거나 줄이는 기준으로는 체중감량, 경기력 향상, 스트레스 해소 등을 위해서 개인의 목표에 따른다.

④ 10%의 법칙

1주일에 10% 이상 거리를 늘리면 안 된다. 부하를 조금씩 늘리면 신체는 강해지지만 너무 지나치면 상해가 발생할 수 있다. 1주일에 운동량을 10% 정도씩 증가시키는 것이 신체를 강하게 하면서 상해도 방지할 수 있다. 2~3주 이상 러닝을 중지했을 때에는 거리를 서서히 되돌리도록 한다.

⑤ 러닝 트레이닝의 특이성

목표가 최대한 먼 거리를 달리는 것이라면 트레이닝은 1일 약 2km를 가장 빠른 스피드로 달리는 것으로 한다. 짧은 거리의 러닝은 스피드를 향상시킨다. 반대로 마라토너는 오래 달리기와 빠르게 달리기를 동시에 트레이닝 하여야 효과가 증가한다.

❻ 강약의 훈련계획

트레이닝이 강한 날이 1일 있으면 다음날은 쉬운 내용으로 해야 한다. 운동에 의해 근육이 손상되면 회복되기까지 시간을 필요로 하기 때문에 달리기 운동 후 회복시간을 주면 근육은 전보다 강해지지만 회복시간을 주지 않으면 상해를 입게 된다.

강한 러닝은 보통보다 먼 거리와 빠른 스피드를 필요로 하는데 그 강함은 사람마다 다르다. 휴식 없이는 10분도 달릴 수 없는 사람이 2km를 9분 안에 완주하기란 쉬운 일이 아니므로 달리기를 하는 과정에서 고통스럽고 어려웠다고 판단된다면 다음날에는 달리기를 하지 말고 휴식하는 것이 좋다.

약한 운동이란 1~2일 동안 달리지 않거나 편안하게 달릴 수 있는 거리와 속도로 달리는 것을 말한다.

❼ 해부학적 이상

의학 검사를 통해 상해의 원인이 되기 쉬운 해부학적 이상을 찾아낼 필요가 있다. 요족(pes cavus), 다리길이 차이, 척주만곡, 과도한 근육경직 등과 같은 구조적, 생체역학적 문제는 운동 상해의 발생요인이 될 수 있으므로 만일 러너의 신체에 이상 증상을 간파했다면 적절한 보강 훈련과 교정 운동을 실시하는 것이 상해를 예방하는 길이다.

❽ 환경요인

러너는 지형, 기온, 공해 등 다양한 환경에 노출되는데 이것들은 운동수행능력이나 건강상태에 영향을 미친다. 이상적인 러닝 장소는 굴곡 없이 평평하고 탄력이 있으며 부드러운 곳이 좋다. 콘트리트 바닥이나 울퉁불퉁한 노면은 피하며, 가능하다면 러닝용으로 조성된 지역의 트레일이 좋다. 구릉지와 같이 기복이 심한 장소는 관절과 근육에 스트레스를 주기 때문에 좋지 않다. 오르막길에서는 발 관절이나 발에 부하가 많이 걸리며 내리막길에서는 무릎이나 종아리에 무리가 온다.

더운 날이나 습도가 높은 날에는 수분섭취량을 늘려야 하며, 서늘한 날에는 그에 맞는 의복을 입는다. 지나치게 춥거나 더운 날, 또는 대기오염이 심한 날에는 신체의 전신이 스트레스를 받아서 상해발생 위험성이 높기 때문에 달리기를 삼가는 것이 좋다. 고지 트레이닝은 몸을 저산소 상태에 점차적으로 적응시킨 다음 스피드나 거리를 서서히 증가시키도록 해야 한다.

Tip

달리기 운동자의 기본적인 부상원인

▶ 약한 발	달리기는 자기 체중의 3배 이상의 충격이 발에 가해지므로 발목, 무릎의 관절과 다리전체 근육이나 건에 손상을 입힐 가능성이 있다.
▶ 다리길이의 차이	어깨, 어깨뼈, 척추, 골반, 무릎, 발목, 다리 등의 불균형으로 등, 엉덩이, 발, 다리의 부상을 야기할 수 있다.
▶ 유연성 결핍	이완이 잘되지 않은 근육은 부상 가능성이 높다.
▶ 약한 근육	근육은 척추를 비롯한 모든 뼈와 신경계를 지탱해주며 함께 작동하므로 근육 전체의 균형 발달이 중요하다.
▶ 스트레스와 긴장	척추의 아래 부위를 특히 긴장시키므로 이 부위 부상이 야기될 수 있다.
▶ 과잉운동	피로, 오한, 불면증, 설사 등을 야기하며 질병까지도 유발할 수있다.
▶ 훈련습관의 부적합	달리기 강도, 횟수, 시간 등을 점증적으로 바꾸지 않으면 갑작스런 상해에 노출될 수 있다.
▶ 신발 및 달리는 환경	신발 및 달리는 지면, 달리는 시간과 온도에 따라 발과 각종 질병에 관련된 상해에 노출될 수 있다.
▶ 부상 및 회복	완전회복이 아닌 경우에 갑작스런 운동은 더 큰 상해를 초래할 수 있다.
▶ 전문가 충고 간과	전문가 및 경험자의 충고를 간과하면 오히려 악화의 길을 갈 수 있다.

Tip

달리기를 위한 마사지

▶ 종아리 마사지

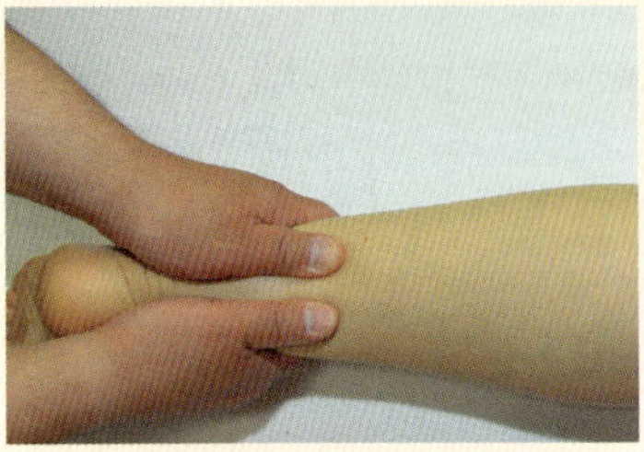

1. 손바닥으로 발목을 파지한 후 손바닥을 밀착시킨다.

2. 엄지를 이용하여 힘을 주어 밀착된 부분에 1차적인 압력을 전달한다.

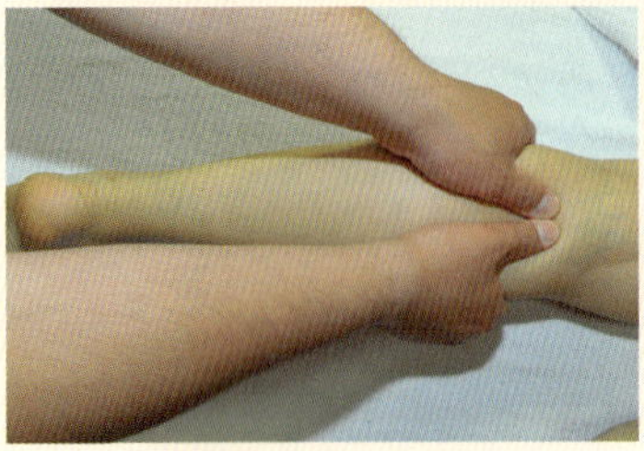

3. 엄지를 이용하여 종아리 부위에 압력을 가하면서 위쪽 방향으로 밀면서 올려준다.

4. 압력을 가하며 실시하고, 5회 정도 반복 실시하도록 한다.

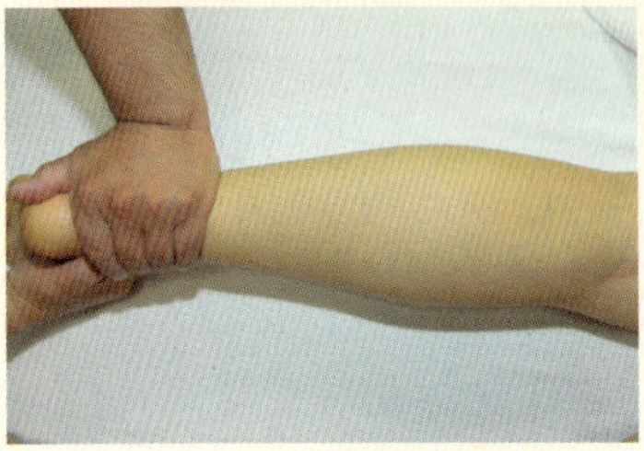

1. 종아리 외측 부위에 손바닥을 밀착시킨다.

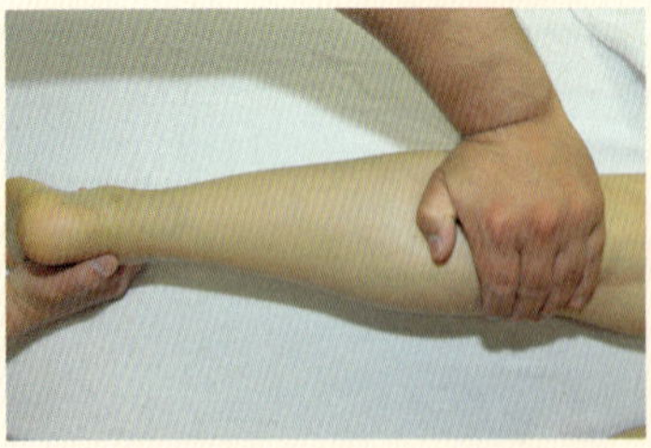

2. 손바닥을 이용하여 외측에서 정중앙 방향으로 압력을 가하면서 밀면서 올려준다.

3. 압력을 가하며 실시하고, 5회 정도 반복 실시하도록 한다.

Tip

달리기를 위한 마사지

▶ 대퇴부 마사지

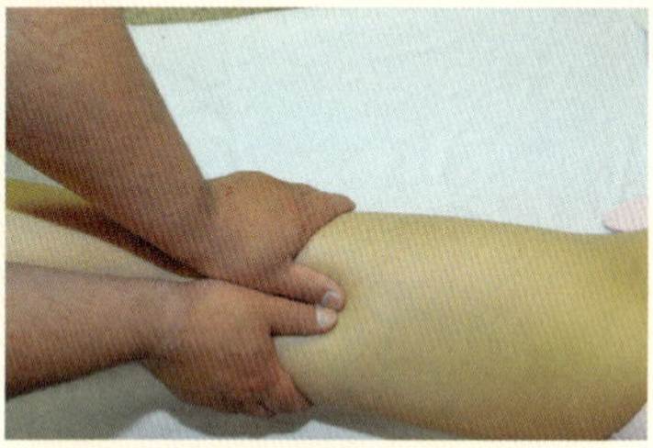

1. 손바닥 전체로 허벅지 내측면을 밀착시킨다.

2. 손바닥 전체로 허벅지 내측면을 따라 위쪽 방향으로 밀면서 올려준다.

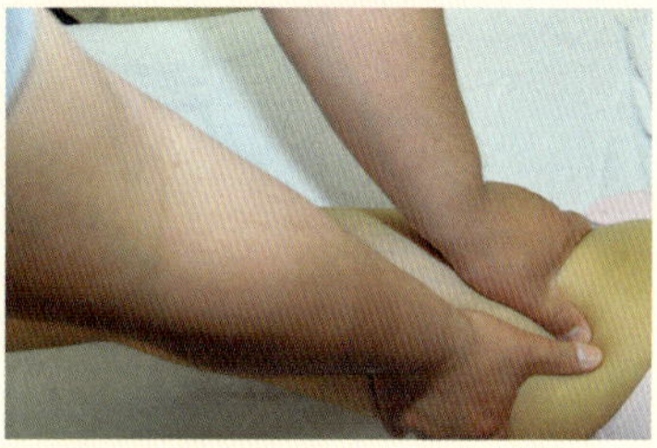

3. 엄지를 이용하여 힘을 주어 밀착된 부분에 3~5초 압력을 전달한다.

4. 압력을 가하며 실시하고, 5회 정도 반복 실시하도록 한다.

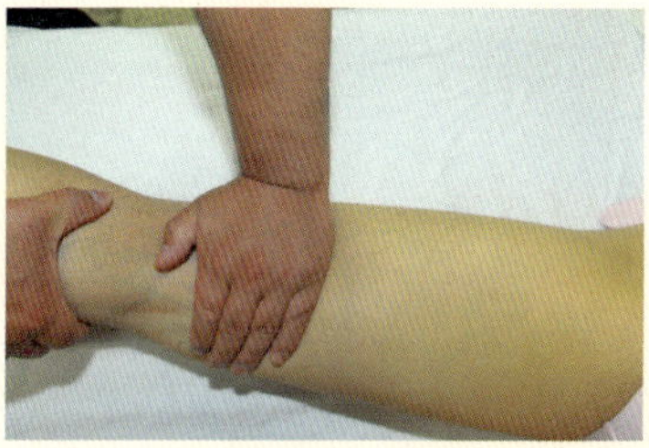

1. 손바닥 전체를 허벅지 외측면에 밀착시킨다.

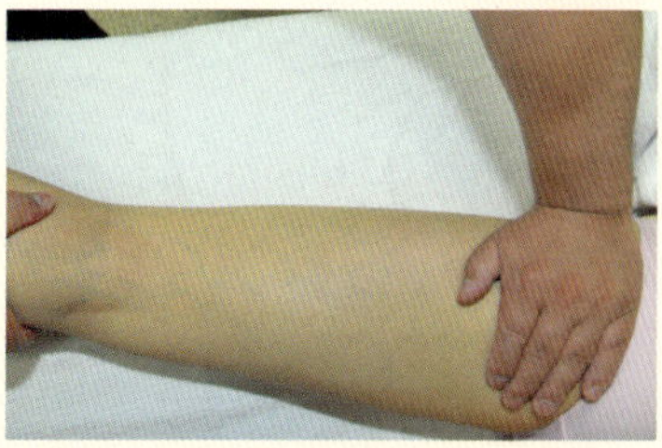

2. 손바닥 전체로 허벅지 외측면을 따라 위쪽 방향으로 밀면서 올려준다.

3. 압력을 가하며 실시하고, 5회 정도 반복 실시하도록 한다.

Tip

달리기를 위한 테이핑

▶ 종아리 테이핑

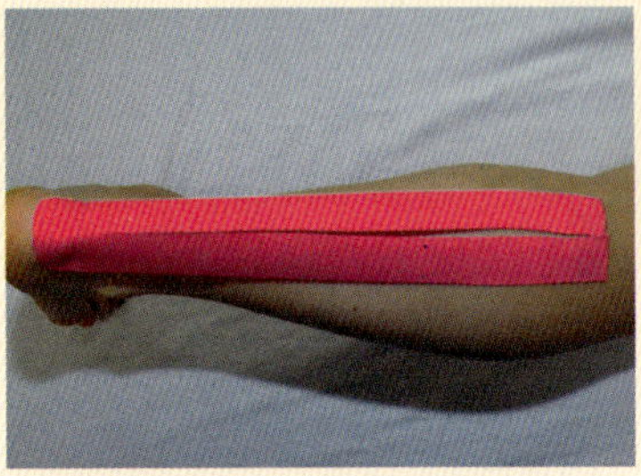

1. Y자 형태로 테이핑할 부위에 맞게 준비한다.

2. 가능한 테이핑 전에 스트레치 시킨 후 부착한다.

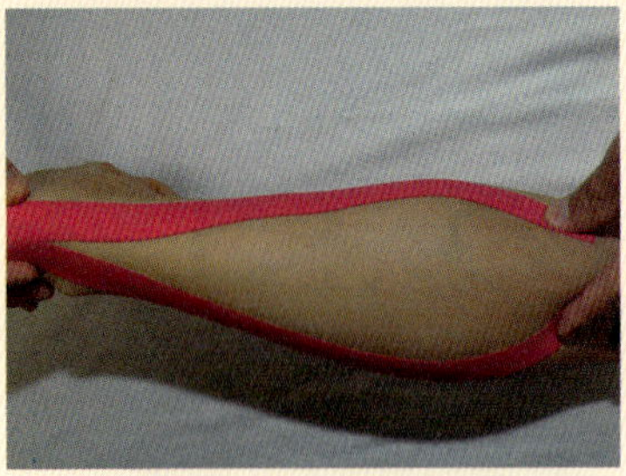

3. 아킬레스건이 끝나는 지점까지 붙인다.

4. 비복근을 따라서 Y자 형태로 부착한다.

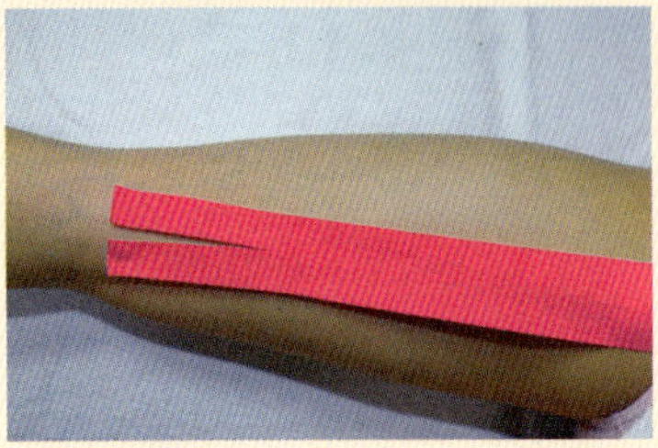

1. 일자 형태로 테이핑할 부위에 맞게 준비한다.

2. 가능한 테이핑 전에 스트레치 시킨 후 부착한다.

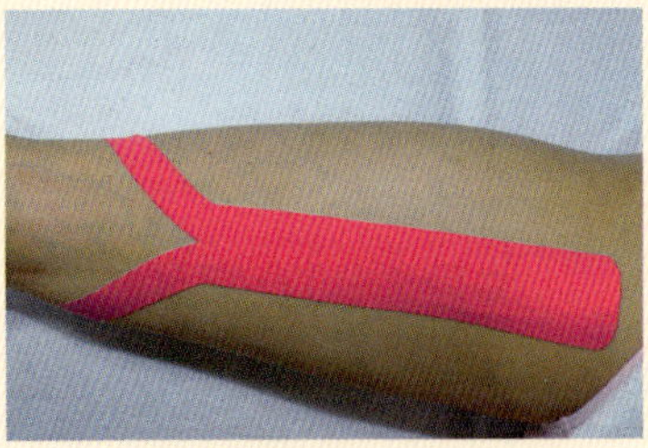

3. 엉덩이 아래에서 오금부위 전 지점까지 붙인다.

4. Y자 형태로 위에서 아래로 부착한다.

Tip

달리기를 위한 테이핑

▶ 대퇴부 전면 및 무릎 테이핑

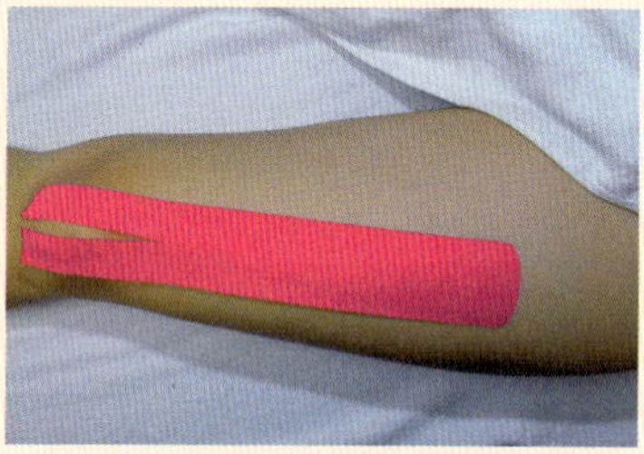

1. Y자 형태로 테이핑할 부위에 맞게 준비한다.
2. 무릎부위는 Y자 형태로 자른다.

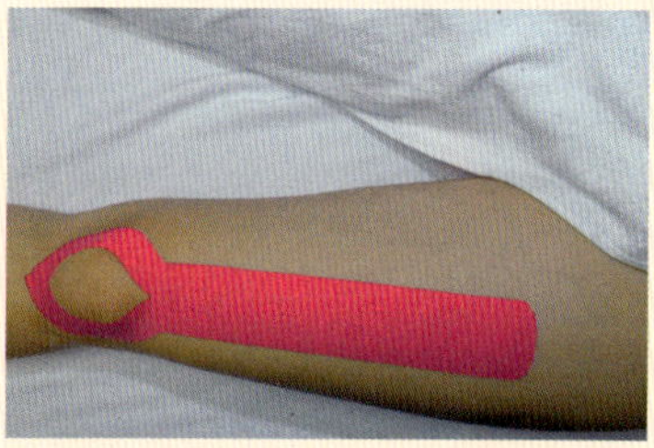

3. 무릎부위를 중심으로 돌려서 부착한다.
4. 테이핑을 당겨서 부착하지 않도록 주의한다.

▶ 허리 테이핑

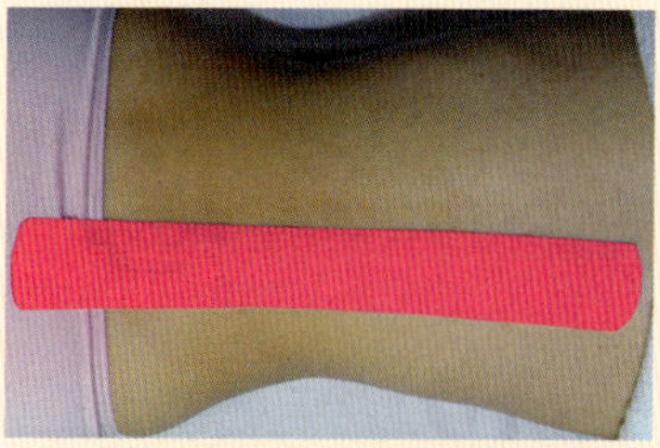

1. 일자 형태로 테이핑할 부위에 맞게 준비한다.
2. 좌, 우 척추기립근 옆에 테이핑을 부착한다.

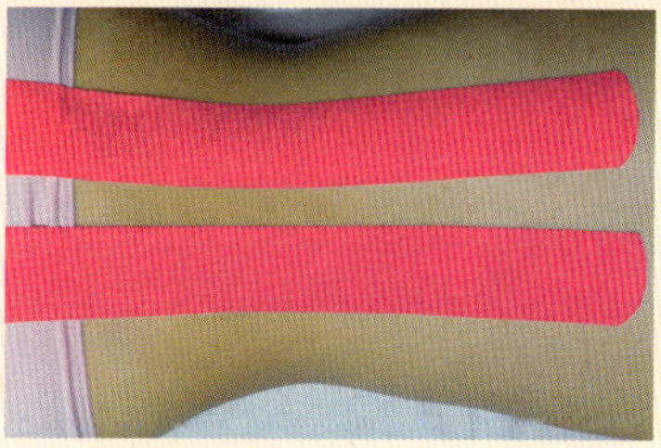

3. 테이핑을 당겨서 부착하지 않도록 주의한다.

PART 3
달리기에도 조건이 필요하다

자신에게 맞는 달리기 운동강도 설정은 거리와 시간을 늘리는 방법도 있지만 운동능력 수준과 운동량에 따라 달라져야 한다. 처음 2~3개월 동안은 4~5km의 거리를 1주일에 30분, 3~4회 정도로 유지한 후, 1~2개월마다 목표를 정해 시간과 속도를 약 5~10%씩 늘려가는 것이 바람직하다.

Chapter 01

달리는 목적

사람들이 달리는 목적

첫째, 무병장수를 위해 달린다.
신체적, 정신적, 사회적 건강과 오래 살기 위해 달리는 것으로 대부분의 마스터스, 울트라러너들이 여기에 속한다.

둘째, 경기력 향상을 위해 달린다.
모든 스포츠는 스피드와 지구력이 필요하다. 따라서 종목 특성에 따라 오직 경기력 향상만을 위한 목적으로 달리는 것을 말하며, 육상선수들을 중심으로 한 엘리트 스포츠맨들이 여기에 속한다.

셋째, 아름다운 미를 위해 달린다.
장수 및 경기력 향상이 주목적이 아닌 미적 차원의 목적으로 달리는 것으로 보디빌더, 모델, 탤런트 등이 여기에 속한다.

넷째, 질환 예방 및 재활을 위해 달린다.

골격계 질환 및 심혈관계 질환 등 각종 질환과 성인병의 치료를 위해, 즉 정상적인 상태로 회복하기 위해 달리는 것들이 여기에 속한다.

다섯째, 스트레스 해소를 위해 달린다.

정서 불안 등 각종 스트레스 해소와 영적 건강에 목적을 두고 달리는 것이 여기에 속한다.

Chapter 02

달리기와 신체조건

운동처방은 각 개인의 체력 향상과 건강유지 및 증진 목적에 따라서 체력과 건강 상태에 맞게 운동의 형식을 선택하는 데 그 의의가 있다. 일반적으로 운동처방은 피측정자의 신상 및 병력과 일반사항을 파악하는 문진과 신체적 요건을 평가하기 위한 의학검사, 운동 수행 능력을 예측·판단하기 위한 체격 및 체력검사와 운동부하검사 과정으로 이루어진다.

달리기의 적합한 신체조건

첫째, 지근섬유(slow-twitch muscle fiber)의 비율이 높으면 유리하다.
이 근육은 유전적으로 결정되며 다음에 나열된 다른 생리적 특성에 영향을 미친다.

둘째, 높은 젖산역치를 가지고 있으면 유리하다.
이것은 근육과 혈액에 짙은 농도의 젖산염을 축적하게 하지 않으면서 에너지를 유산소적으로 빠르게 생산하는 능력이다.

셋째, 많은 양의 글리코겐 저장과 지방사용 능력이 좋을수록 유리하다. 이러한 특성은 특히 마라톤 42.195km를 열심히 달리는 데 요구되는 충분한 양의 글리코겐을 근육과 간에 저장할 수 있도록 해주며 지방을 연료로 사용하도록 해준다.

넷째, 달리기 동작의 효율성이 높을수록 유리하다.
이것은 자신의 마라톤 스피드로 달릴 때 산소를 경제적으로 사용하는 능력이다.

다섯째, 높은 최대산소섭취량(VO_2max)을 가질수록 유리하다.
이것은 많은 양의 산소를 근육으로 운반하는 능력 그리고 근육이 혈액으로부터 산소를 받아들여서 사용하는 능력 두 가지 모두를 포함한다.

여섯째, 달리기 후 빠른 회복을 나타낼수록 유리하다.
이것은 트레이닝 후 빠르게 회복하는 능력이다.

이렇듯 달리기를 시작할 때 장시간 오래 달릴 수 있도록 하기 위해서는 신체 및 체력수준을 파악하여 자신의 속도에 맞게 달려야 오래 달릴 수가 있다. 따라서 달리기를 시작하기 전에 자신의 병력, 의학검사, 체격, 체력 및 운동검사, 운동강도 등을 알아보아야 한다.

병력

운동 시 안전성을 평가하기 위해서는 여러 가지 과학적인 방법이 동원되고 있지만, 건강에 대해 평가를 하기 위한 경제적이고 효과적인 방법은 본인의 생활습관, 병력, 가족력, 증상 등을 알아보는 것이다. 대화로 피검자와 신뢰할 수 있는 관계를 만들고 필요한 정보를 얻을 수 있으므로 직접 물어보는 방법이 가장 좋으나 상황에 따라 문진표를 이용하는 것도 효과적인 방법이 될 수 있다.

의학검사

의학검사는 정밀하고 광범위하게 실시할수록 좋지만, 기본적으로 운동 시 사고방지에 주안점을 둔다면 순환기계 검사를 중심으로 하고 그 외에는 증례(어떤 사실의 여부나 진위를 증명하는 예)에 따라서 최소한으로 필요한 항목을 추가하는 것이 좋다. 사고 방지만이 아니라 운동이 건강에 미치는 영향을 폭넓은 입장에서 추정하려고 하는 경우에는 상당히 광범위한 검사항목을 포함할 필요가 있으며 그 결과들은 다음 단계의 운동검사와 체력검사 여부, 운동의 금지, 운동 종목과 강도의 제한 등 반영하는 데 도움이 된다.

건강검사에 의한 운동의 안전성 평가

앞에서 언급한 문진의 내용과 의학검사의 결과를 분석, 평가하고 운동실시의 안전성 여부를 결정하기 위해서 모든 피검자를 건강군, 위험군, 질병군, 운동 금기군으로 나누어 본다.

❶ 건강군

45세 이상인 사람은 운동프로그램을 시작하기 전에 운동 부하검사를 받는 것이 바람직하다. 심장질환의 증세와 위험요인이 없는 35세 이상의 사람이 최대 운동검사를 할 경우에도 의사가 참여하는 것이 바람직하다. 운동검사와 응급처치의 경험이 풍부하고 잘 훈련된 전문 요원에 의해 검사가 수행된다면 외견상 건강한 사람은 연령과 관계없이 의사의 입회 없이도 최대 운동검사를 실행할 수 있다.

❷ 위험군

심장질환, 폐질환 및 대사성 질환의 증세가 있는 사람은 연령과 관계없이 운동을 시작하기 전에 의사 입회하에 운동 부하검사를 하는 것이 바람직하다. 최대 운동검사가 행해진다면 의사가 입회해야 한다.

③ 질병군

연령과 관계없이 운동을 시작하기 전에 전문적인 검사를 받아야 한다. 이것은 운동의 안정성을 보장할 수 있을 뿐만 아니라 운동능력을 측정하는 데 필요하고 운동 부하검사는 예후를 파악하거나 정밀검사의 필요성 여부를 결정하는 데 중요하다. 의사가 반드시 입회하여야 한다.

④ 운동 금기군

운동 금기군의 경우는 다음에 제시한 운동검사를 위한 의학적 평가의 절대적 금기사항과 상대적 금기사항에 적용되는 경우이다. 절대적 금기사항을 가진 환자의 경우에는 이후의 상황이 안정되기 전까지는 운동검사를 수행해서는 안 된다. 반면에 상대적 금기사항을 가진 경우라면 잠재하고 있는 합병증에 대한 주의 깊은 평가가 있은 후에 검사를 시행해야 한다.

체력

체력의 개념 및 구성요소

체력은 형태, 기능, 정신을 포함하여 신체가 지닌 모든 성질의 총합으로 정의되며 과학적이고 지속적인 신체활동으로 체력을 단련해가는 노력을 생활화해야 한다.

체력의 요소는 크게 신체적 요소와 정신적 요소로 구분된다. 인간의 환경에 대하여 적극적으로 활동하는 능력을 활동력 또는 행동체력(fitness for performance)이라 하고 환경의 변화에 대응하여 인간이 건강을 유지하고자 소극적으로 활동하는 능력을 저항력 또는 방위체력(fitness for protection)이라고 한다.

❶ 신체적 요소

신체적인 행동체력은 형태의 체력과 기능의 발현능력, 지속능력, 조정능력, 유연성(관절, 인대)을 말하며, 신체적 방위체력은 구조와 기능으로 분류한다.

구조 - 기관조직의 구조

기능 - ㉠ 체온, 면역, 적응

㉡ 물리, 화학적 스트레스에 견디는 힘

㉢ 생물적 스트레스에 견디는 힘

㉣ 생리적 스트레스에 견디는 힘

❷ 정신적 요소

정신적 행동체력은 의지, 판단, 의욕이며 정신적 방위체력은 정신적 스트레스에 견디는 힘이고 정신적 인지적 행동은 지적, 정의적, 심리적 행동을 말한다.

건강체력

운동선수들이 우수한 경기력을 발휘하기 위해 요구되는 순발력, 스피드, 민첩성, 평형성 등 체력요소가 종목에 따라 차이가 있는 것처럼 건강체력은 근력, 근지구력, 심폐지구력, 신체구성, 유연성 등의 체력요소가 건강과 밀접한 관계를 맺고 있지만 신체적 방위체력과 정신적 요소들에 의해서도 차이가 날 수 있다.

표 3-1 체력 분류표

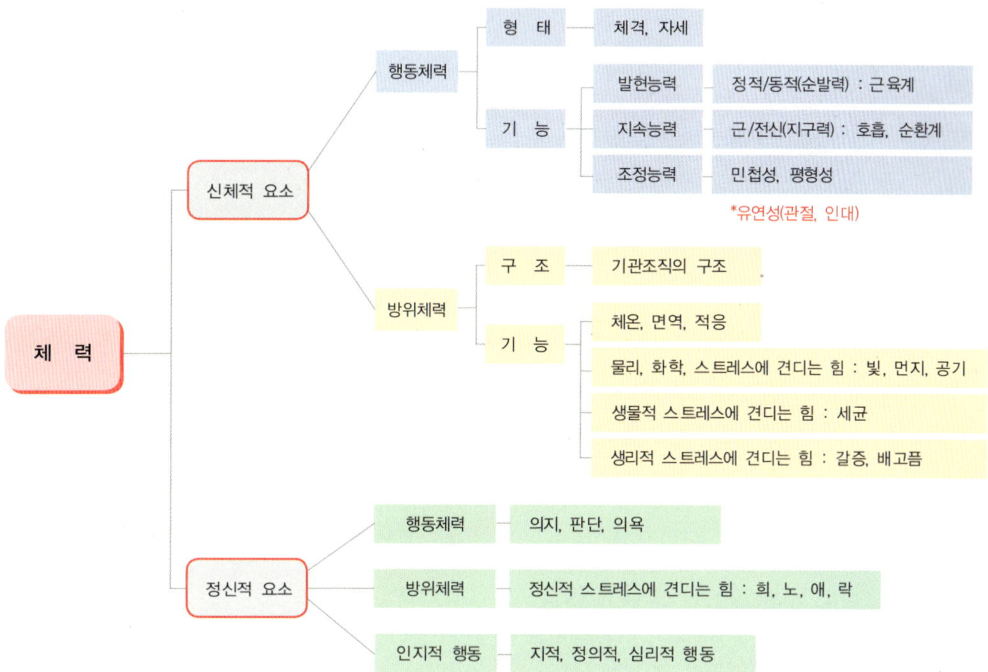

체력검사 및 운동 부하검사

체력검사

운동 부하 기기(트레드밀, 자전거 에르고미터 등)를 이용하여 체력 전반의 특징 즉, 근력,

근지구력, 순발력, 민첩성, 유연성, 심폐지구력 등을 파악하고 체력적인 문제점을 밝혀 달리기 운동처방 시 운동강도 설정과 효과를 판단하는 데 반영하고 이후 재처방에도 이용한다. 이상의 검사 결과로부터 피검자의 건강상태, 체력 및 운동능력의 한계 등을 파악할 수 있다. 그 결과에 준한 운동처방은 운동 수행 가능 여부와 안전한계와 유효한계를 고려한 운동강도, 주당 빈도 및 1회 적정 운동량 등의 요건을 포함한 수행 가능 운동 프로그램을 제공하게 된다. 근력 → 민첩성 → 평형성 → 순발력 → 유연성 → 근지구력 → 심폐지구력 등의 국민체력 기준치에 의한 체력 수준 평가의 순으로 진행하는 것이 좋다. 행동체력요인 측정 항목에는 개인, 환경과 기자재에 따라 다음과 같은 것들이 있다.

❶ 근력 측정방법

근력은 근육의 부하에 대응하여 발휘할 수 있는 힘을 말하며 악력과 배근력으로 측정한다.

❷ 근지구력 측정방법

어떤 일을 계속해서 또는 반복적으로 행할 때 근육이 얼마나 오랫동안 견딜 수 있는가 하는 능력으로 측정방법으로는 윗몸일으키기와 턱걸이 등이 있다.

❸ 유연성 측정방법

관절의 가동범위와 근육이나 관절 주변 조직의 신장능력에 의해 결정되는 체력요소이며 관절면의 가동성뿐만 아니라 관절에 연결되어 있는 근육, 건, 관절낭 및 인대 등의 신전능력에 의해 결정된다. 이 요인은 신체 운동 수행에 중요한 역할을 담당하며 운동상해 예방에 큰 역할을 한다. 측정방법으로는 좌전굴, 체전굴, 체후굴이 있다.

❹ 순발력 측정방법

단위 시간당 이루어지는 작업량으로 가능한 짧은 시간에 폭발적인 힘을 발휘할 수 있는 능력을 말하며 운동이나 일상적인 활동에 매우 중요하며 단시간 내의 운동수행능력을 측정하는데 목적이 있다. 측정방법은 제자리 높이뛰기를 통해 순발력의 정도를 알 수 있다.

⑤ 민첩성 측정방법

재빠른 동작으로 신체를 잘 조정하고 부드럽게 반응할 수 있는 능력 또는 신체동작에 있어서 전신 또는 부분 동작을 신속하게 변경한다든지 운동의 방향을 재빠르게 바꿀 수 있는 능력을 말하며 측정방법으로는 사이드스텝 테스트와 전신반응 측정이 있다.

⑥ 평형성 측정방법

평형성은 신체를 일정한 자세로 유지할 수 있는 능력을 말하는데 스포츠 현장에서 미적 표현, 균형, 안전성의 측면에서 중요한 역할을 한다. 측정방법으로는 눈감고 외발서기가 있다.

⑦ 심폐지구력 측정방법

이 체력요인의 수준이 낮으면 특히 심혈관계 질환에 의한 조기 사망률이 높아지고 반대로 규칙적인 운동습관으로 높은 수준이면 부수적인 건강의 이점을 누릴 수 있을 것이다. 측정방법으로는 자전거에르고미터, 트레드밀, 스텝 테스트 등이 있다.

운동 부하검사

운동 부하검사는 안정 시에 발견되지 않은 순환계의 이상 여부를 운동 중에 확인하고자 실시하는 운동검사 방법이다. 달리기 시 운동강도의 안전한계를 평가하는데 가장 중요한 정보를 제공하며, 검사항목으로는 폐기능 요소 및 심장기능과 혈압 등을 들 수 있다. 트레드밀, 에르고미터, 스텝박스, 가스분석, 젖산분석, 등속성 근기능 측정 등을 이용하여 최대산소섭취량, 심박수, 혈압, 심전도, 환기량, 젖산 축적량, 근력 등의 변화를 정량

화하여 달리기 운동처방 프로그램 이용 시 자료로 활용한다.

운동강도

운동강도가 너무 약하게 되면 운동에 대한 효과가 없으며 운동강도가 지나치게 높으면 오히려 운동에 의한 상해를 불러일으킬 수 있다. 그러므로 운동능력에 따라 최대의 운동효과를 얻을 수 있는 개인의 운동강도를 설정하여 실시하는 것이 바람직하다. 운동강도는 최대심박수(HRmax), 최대산소섭취량(VO_2max), 반복횟수(1RM), 운동자각도(RPE), 대사당량(MET) 등으로 표시하는데 개인의 수준에 따라서 강도는 다르게 처방되어야 하지만 항상 운동강도의 적정 범위를 고려하지 않으면 안 된다. 미국스포츠의학회(ACSM)에서는 최대심박수의 60~90%, 최대산소섭취량의 50~85%를 운동강도로 추천하고 있다.

자신에게 맞는 달리기 운동강도 설정은 거리와 시간을 늘리는 방법도 있지만 운동능력 수준과 운동량에 따라 달라져야 한다. 처음 2~3개월 동안은 4~5km의 거리를 1주일에 30분, 3~4회 정도로 유지한 후, 1~2개월마다 목표를 정해 시간과 속도를 약 5~10%씩 늘려가는 것이 바람직하다.

달리는 속도 또한 자신의 능력에 따라 달라지며 자신의 최대 운동능력을 100%로 가정할 때 10세 이하 어린이와 70세 이상 노인을 제외하고는 나이에 관계없이 초보자의 경우, 최대 운동능력에서 힘의 분배에 의한 에너지소비량은 약 30~50%로, 중급자는 50~70%, 상급자는 70~90%를 최고 운동능력 수치로 볼 수 있다.

Chapter 03

잘 달리기 위한 사전준비

달리기에 적합한 준비물

인류에게 가장 오래된 스포츠 중 하나이자 인간의 가장 기본적 본능을 일깨워주는 스포츠인 달리기. 달리기의 무한한 매력과 더불어 최근 건강을 위해 달리는 사람들이 점차 많아지고 있다. 달리기 운동을 위해서 올바른 자세와 더불어 최적의 복장과 그에 따른 기타 장비까지 고루 갖춘다면 달리기를 더욱 쾌적하게 즐길 수 있을 것이다. 즉 잠깐 뛰는 것이 아니라 장시간 달리기 위해서는 자신의 발에 잘 맞는 편한 신발과 땀 흡수가 잘 되고 활동성이 좋은 운동복 등을 갖춰 입는 것이 최적의 운동 효과를 낼 수 있고 부상 방지를 위해 필수적이다. 따라서 사전에 철저히 준비하는 것이 바람직하다.

달리기에 적합한 신발

러닝화는 발과 신체에 가해지는 충격을 흡수하고 상해로부터 신체를 보호해 주는 중요한 기능을 하므로 사전에 꼼꼼히 따져 볼 필요가 있다. 러닝화는 기능에 따라 안정화(Stability Shoes), 쿠션화(Cushioned Shoes), 모션 컨트롤화(Motion-control Shoes)로 구분된다. 안정화는 일반적인 러닝화·조깅화로 발목과 아치의 비틀림을 방지하고 지지 기능에 중점을 둔 것으로 일반적인 발 모양의 평균 체중의 사람들에게 적합하다. 쿠션화는 말 그대로 쿠션 기능에 중점을 둔 신발로 뛰어난 충격 흡수와 부드러운 중간 창으로 초보자나 과체중인 사람에게 권장할 만하다. 그리고 모션 컨트롤화는 보다 안정성을 강화시킨 것으로 올바른 발 구름을 확보할 수 있도록 뒤축과 아치 옆면에 보강재가 많이 사용된 러닝화로 발이 지면에 닿았을 때 충격을 완화시키기 위해 발이 안쪽으로 심하게 구부러지는 발 또는 평발의 아치 부분을 보강 또는 지지하는 역할을 한다.

달리기의 경험과 용도에 따른 적합한 러닝화 선택의 기본은 자신의 발 사이즈에 맞게 골라야 한다.

보통의 러닝화는 일반적인 신발보다 작게 나오기 때문에 평균 5~10mm 정도 큰 사이즈를 고르는 것이 적합하다. 비교적 발이 최대한 커져 있는 늦은 오후 시간을 활용하여 양말을 신은 채 러닝화를 착용한 후 끈을 적절히 조절한 뒤 발뒤꿈치를 힐 컵에 맞춘다. 이 상태에서 발가락이 잘 움직이는지, 발의 폭이 잘 맞는지 너무 조이지는 않는지 확인하도록 한다.

러닝화를 신은 후 앞뒤로 체중 이동을 시켜보고 아킬레스건 부분이 잘 맞고 러닝화의 윗부분과 복사뼈가 닿아 마찰이 없는지도 확인해 보아야 한다. 또한 충격 흡수와 쿠션이 우수한지도 반드시 살펴보고 러닝화를 선택하도록 한다.

러닝화를 구입한 후 오래 착용하기 위해서는 관리 역시 중요하다. 러닝화를 구입한 후에는 노면 상태가 좋은 곳에서 발이 신발에 익숙해질 때까지 가까운 거리를 달려보도록 한다. 운동 후에는 통풍이 잘되는 그늘에서 보관하고, 되도록 두 켤레의 신발을 준비해 바꿔 신으면 신발의 탄력이 복원되고 건조 시간을 늘려 러닝화의 수명을 연장할 수 있다. 러닝화가 마모되면 달리는 자세가 흐트러질 뿐만 아니라 발걸음의 균형을 잃어 부상을 입을 수 있다. 보통 마라톤화는 600~800km, 러닝화는 약 1,000km 정도 달린 뒤 교체하는 것이 일반적이지만, 착용자의 몸무게, 착지, 관리상태 등 다양한 요소에 의해 러닝화의 수명은 달라질 수 있다.

Tip

러닝화 끈이 잘 풀리지 않게 묶는 법

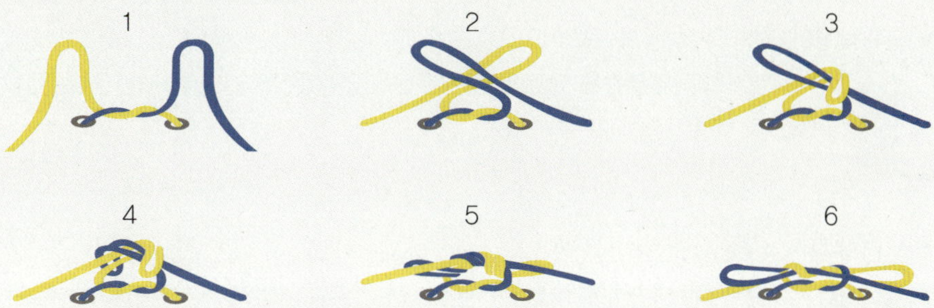

Tip

러닝화의 다양한 끈매기 방법

개개인의 발 모양, 신발의 형태, 운동의 목적 등에 따라 러닝화의 끈매는 방법을 조금만 달리하면 발에 가해지는 부담을 최소화하여 보다 더 편안한 상태에서 달릴 수 있다.
따라서 제대로 잘 달릴 수 있기 위한 러닝화의 다양한 끈매기 방법들을 간단히 알아둘 필요가 있다.

▶ 오버랩식

구멍의 위에서 아래로 한 칸씩 좌우로 엇걸려 매는 방법으로 가장 기본적인 방법. 단단히 매어져 느슨함이 없는 것이 특징으로 주로 단거리 달리기 시 적합

▶ 언더랩식

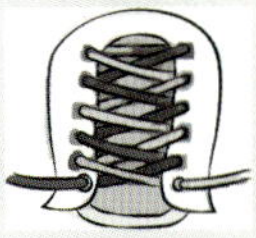

구멍의 아래에서 위로 한 칸씩 좌우로 엇걸려 매는 방법으로 오버랩식의 반대. 발을 안정시키고 압박하지 않는 것이 특징으로 주로 장거리 달리기 시 적합

▶ 리디어식

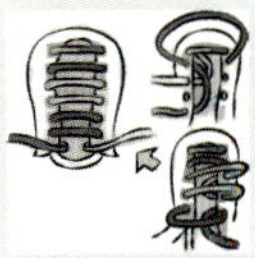

끈이 서로 교차하지 않도록 한 칸씩 건너뛰어 평행하게 매어 나가는 방법. 꽉 죄는 느낌이 없고 발등이 높은 사람에게 좋은 방법

▶ 단대식(1)

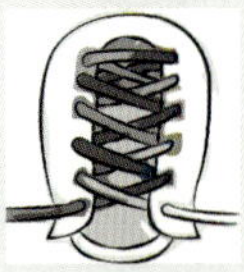

러닝화의 앞부분은 오버랩식, 뒷부분은 언더랩식으로 끈을 매어 가는 융합된 형태

▶ 단대식(2)

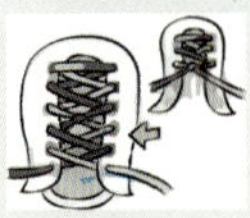

단대식(1)의 오버랩식이 언더랩식으로 바뀌는 과정에서 매듭을 만드는 방법. 장거리 달리기 시 발 끝이 아파오는 사람에게 좋은 방법. 조금 긴 끈을 사용하거나 두 개의 끈을 사용할 수 있다.

출처| http://marathon.pe.kr

Tip

전형적인 달리기용 러닝화의 분해도

과거에 비해 상당히 기능적인 부분으로 구성된 러닝화의 기본적인 구성 요소와 구조를 잘 이해하고 있다면 자신에게 맞는 적합한 러닝화를 고르는데 도움이 될 수 있을 것이다.

- **갑피(The Upper)** : 발등과 발 옆쪽을 덮는 부분
- **겉창(The Outsole)** : 신발 바닥의 얇은 층. 대개 경질 고무로 만들어진다.
- **발가락 부위(The Toe Box)** : 신발 앞쪽의 발가락을 감싸는 부분
- **뒤꿈치 보강(The Heel Counter)** : 뒤꿈치를 감싸는 뒤쪽의 딱딱한 컵 부분
- **중창(The Midsole)** : 발과 겉창 사이에 놓이는 두꺼운 부분. 쿠션과 안정감을 제공해주는 가장 중요한 부분이며, 이곳의 디자인이 신발의 질을 결정한다. 제조사에서는 신발의 쿠션 작용의 증강하기 위해 중창 부위에 공기나 젤 제품을 집어넣는다.
- **움직임 제어장치(Motion-control Device)** : 미디얼 포스트(Medial Posts), 풋브리지(Footbridges)등이 이에 속하며, 회내 조절에 도움이 되도록 신발 안쪽을 따라 또는 아치 부분의 중창에 삽입된다.
- **신골(The Last)** : 신발의 형태를 일컬으며 발의 세 가지 기본 형태, 즉 곧은 신골(straight last), 굽은 신골(curved last), 약간 굽은 신골(semi-curved last)에 대응한다. 신발 바닥을 보았을 때, 곧은 신골(straight last)은 뒤꿈치의 중간에서부터 발끝의 중간 부분까지 그은 선을 따라 대칭적인 것이다. 굽은 신골은 속창(insole)이 현저하게 안쪽으로 굽은 것이다. 약간 굽은 신골은 속창이 약간 굽은 것이 차이점이다.

굽은 신골은 더 많은 충격 흡수와 발의 운동성을 필요로 하는, 단단하고 높은 아치(arch)를 가진 러너들에게 좀 더 편안한 착용감을 주며, 곧은 신골은 반대로, 부드럽고 낮은 아치를 가진 사람, 또는 과내전(over-pronate)되는 사람들에게 안정성을 높여줄 수 있는 물질을 중창에 많이 포함하고 있다. 그리고 약간 굽은 신골은 정상적인 아치와 중간 정도의 발 움직임을 가진 사람에게 좋다.

출처: 「여자의 달리기」 p.219 클레어 코왈칙 지음

Tip

발에 대한 기본 상식

- **발의 노화** : 평상시 걸음을 옮길 때 발은 뒤꿈치부터 닿은 다음 발바닥 전체로 지탱하고 엄지발가락 뿌리부를 거쳐 엄지 발바닥으로 내딛게 된다. 특히 발이 땅에 닿을 때 발은 체중의 압력을 심하게 받아 벌어지고 낮아지게 마련이다. 이때 만약 발이 아치 없이 평평하게 벌어져 있다면 발바닥은 체중의 압력을 여과 없이 쿵쿵 받게 된다. 뒤집어 말해 아치에 의해 약간 오므려져 있는 발바닥이 땅에 닿을 때 펴지면서 압력을 분산시키는 쿠션 역할을 한다는 얘기이다. 발이 낮아지고 벌어지면 걸을 때 오는 스트레스가 그대로 뼈로 가해지므로, 발이 쉽게 피로해진다. 여기에 또 한가지 문제점은 발이 낮아지고 벌어지면 그에 맞는 적절한 신발을 신어야 하는데, 대부분이 그냥 예전에 신던 신발을 그대로 신는다는 것이다. 거기에다가 나이가 들수록 체중은 늘고, 또 건강을 지키겠다고 갑자기 시작한 무리한 운동도 발을 되려 괴롭히니 발에 통증을 호소하는 환자의 대부분이 40대 이후인 까닭이 다 여기에 있는 것이다.

- **사람잡는 하이힐** : 발을 해치는 원흉의 대명사는 바로 하이힐이다. 원래 발에는 뼈들이 좌우로 둥글게 아치 형태를 이루고 있다. 이를 횡아치라고 한다. 그런데 하이힐은 체중이 앞으로 쏠리게 돼, 점점 횡아치가 무너지게 된다. 헌데 횡아치가 무너지는 게 대수냐고 말하는 사람이 있을 것이다. 그러나 대수다. 발의 횡아치가 무너지면 둘째, 셋째, 넷째 발가락 뿌리부위에 굳은살이 생겨 결국 심한 통증으로 고생하게 되는 것이다. 또 본래 사각형 모양인 발가락이 삼각형의 좁은 구두 속으로 구겨져 들어가 있게 되므로, 발가락 등 쪽에 굳은살이 생기는 것은 물론 급기야는 엄지발가락과 새끼발가락이 만나는 결과까지 초래할 수 있다. 그 밖에도 하이힐은 발을 심하게 조여 심장으로 피를 순환시키지 못하고, 비정상적인 자세로 인해 무릎관절에 심한 충격을 준다.

- **통굽구두** : 통굽 구두는 앞이 넓고 둥그스름해 발가락이 구부러 지지 않는다는 점에서, 또 체중이 앞쪽으로 쏠리지 않는다는 점에서 하이힐에 비해 그나마 양반이다. 정상적으로 걸을 때에는 발뒤꿈치, 발바닥, 엄지발가락 뿌리부, 엄지발가락 순으로 닿으면서 걷는다. 그런데 통굽구두를 신게 되면 구두 바닥이 한 번에 투덕투덕 움직이기 때문에 엄지발가락 뿌리 부분의 움직임이 떨어질 수밖에 없다. 엄지발가락 뿌리 부분에 가야 할 압력까지 엄지발가락에 쏠리게 되는 것이다. 따라서 엄지발가락에 굳은살이 생기게 되고, 그러면 엄지발가락 뿌리 관절이 발등 쪽으로 솟아오르면서 발가락이 위로 젖혀지지 않는 증상이 생기게 되는 것이다. 하지만 하이힐에 비해 조금 나을 뿐 따지고 보면 통굽구두 역시 발에 안 좋기는 수준급이다. 먼저 무게중심이 땅으로부터 멀어져 온몸의 근육들을 긴장시키는 하

이힐이나 한 통속이다. 거기에 통굽구두는 발 관절의 움직임을 떨어지게 만들기까지 한다.

- **큰 바위 신발** : 원래 신발의 앞부분은 1cm정도의 여유를 가지는 것이 좋다. 신발의 크기가 알맞으면, 걸을 때 엄지발가락의 뿌리 관절이 꺾어지는 것과 동시에 신발도 그 부위에 해당되는 지점이 자연스럽게 꺾어지기 마련이다. 그러나 발 길이에 비해서 신발이 더 길면, 엄지발가락 관절이 꺾어지는 것과 신발이 꺾어지는 부위가 전혀 일치하지 않게 된다. 엄지발가락 관절이 아니라 그 앞쪽으로 걸음을 이어나가야 되는 것이다. 결국 정상적으로 걸을 수 없어 발뒤꿈치의 충격이 심해짐은 물론, 관절의 유연성도 떨어져 발이 변형되거나 통증이 생기게 된다.

- **신발 뒤축** : 너나 할 것 없이 신발을 오래 신으면 뒤축이 닳게 된다. 그렇다면 어느 쪽이 많이 닳는가. 정답은 바깥쪽. 대략 7° 정도 벌어진 듯한 팔자 걸음을 걷기 때문이다. 결국 조금만 걸어도 심한 피로감을 느끼기는 마찬가지다. 이런 사람들은 안 기울어지는 쪽에 적절한 깔창을 깔아 줘 발목이 심하게 돌아가는 것을 막아 주는 것이 좋다.

- **내 아이의 신발 고르기** : 신발을 고를 때 발의 길이와 더불어 반드시 염두에 두어야 할 것이 발 볼의 넓이다. 두 살 이하의 아기는 매우 유연한 발을 가지고 있기 때문에 신경 써야 할 것이 특별하지 않다. 다만 아기의 발이 계속 자라므로 신발 크기를 잘 맞춰 줘야 한다. 세 살부터 초등학교에 들어갈 무렵까지는 계속 자라는 발의 공간을 확보해 주는 것이다. 때문에 발끝이 둥근 신발이 좋다. 또 이 시기는 평발이나 안짱걸음 등 발의 증세를 처음 보이는 때이기도 하다.

- **하이힐 선택** : 엄지발가락과 새끼발가락의 공간 확보를 위해서 앞부분이 넓은 신발을 고르는 것도 필수다. 또 노인은 발 부분의 노화로 인해 조금만 자극이 와도 쉽게 피로해지므로 쿠션이 좋고 부드러운 신발을 신어야 한다.

- **오후 5시, 새 신발 사러 가는 시간** : 신발을 사기에 적절한 시간이 따로 있다. 하루의 활동을 마감하는 시간인 오후 5시 이후가 좋다고 한다. 이 시간이 하루 중 발이 가장 커져 있는 때인데, 이유는 발이 피곤해져 붓기 때문이다. 또 새 신발을 고를 땐 서서 신발을 신어보는 것이 중요한데, 아무래도 서 있을 때가 앉아 있을 때보다 더 큰 압력을 받아 발이 벌어지기 때문이다. 신발의 크기는 발의 볼보다 5mm 정도, 길이보다 12~15mm정도 넉넉한 신발이 좋다. 또 굽은 25mm정도 경사진 것이 가장 이상적이라고 한다. 이보다 낮으면 자세를 유지할 때 장딴지 근육이나 앞쪽의 근육을 과도하게 움직여야 하기 때문이다.

출처: 건강을 소중히 생각하는 엠 제53호 삶의 디딤돌, 발

Tip

발 반사구 모형

1. 용천(신경)
2. 신장(右)
3. 수뇨관(右)
4. 방광(右)
6. 대뇌(左반사구)
7. 전두동(左반사구)
8. 소뇌
9. 뇌하수체
10. 삼차신경(左반사구)
11. 뇌간, 연수
12. 코
13. 목(경부)
14. 경추
15. 눈(左반사구)
16. 귀(左반사구)
17. 갑상선
18. 부갑상선
19. 승모근(목, 어깨)右
20. 폐, 기관지
21. 복강신경총(소화기)
22. 부신(右)
25. 위
26. 췌장
27. 십이지장
28. 간장
29. 담낭
30. 소장
31. 맹장,충수
32. 회망민
33. 상행결장
34. 횡행결장
38. 생식선右(난소, 고환)
39. 골반, 좌골신경
43. 미추(미골)
48. 견관절(어깨)
51. 슬관절(무릎)
64. 성대,후두
65. 식도,기관
70. 횡경막

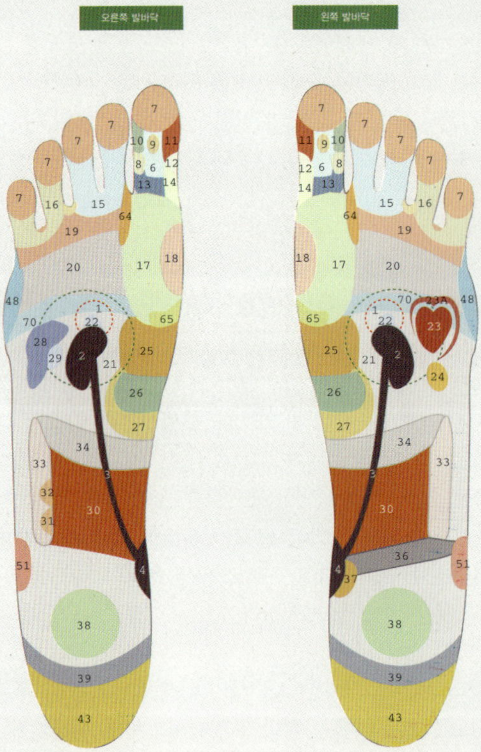

1. 용천(신경)
2. 신장(左)
3. 수뇨관(左)
4. 방광(左)
6. 대뇌(右반사구)
7. 전두동(右반사구)
8. 소뇌
9. 뇌하수체
10. 삼차신경(右반사구)
11. 뇌간, 연수
12. 코
13. 목(경부)
14. 경추
15. 눈(右반사구)
16. 귀(右반사구)
17. 갑상선
18. 부갑상선
19. 승모근(목, 어깨)左
20. 폐, 기관지
21. 복강신경총(소화기)
22. 부신(左)
23. 심장
23A. 심포(심장을 막는 벽)
24. 비장(임파선)
25. 위
26. 췌장
27. 십이지장
30. 소장
33. 상행결장
34. 횡행결장
36. 직장
37. 항문
38. 생식선左(난소, 고환)
39. 골반, 좌골신경
43. 미추(미골)
48. 견관절(어깨)
51. 슬관절(무릎)
64. 성대,후두
65. 식도,기관
70. 횡경막

출처: 내 뇌는 발에 가고 싶다./관족법 발의 반사구 종합도표/이진근 지음

달리기에 적합한 복장

❶ 상의와 하의

달리기를 위한 복장은 편안함과 실용성이 생명이다. 즉 달리기를 하기에 편안하고 가벼운 옷차림으로 자유롭게 움직일 수 있는 옷차림이 적합하며 날씨에 따라 기능성 복장을 선택적으로 갖춰 입는 것이 필요하다.

달리기에 적합한 복장을 선택할 시 가장 먼저 고려되어야 할 점은 통기성이다. 통기성이 좋은 옷은 덥고 습하거나, 춥고 눈·비가 오더라도 피부로부터 땀을 증발시키는 발한작용이 가능하기 때문에 열이 날 때는 시원하고 추울 때는 따뜻하게 해주어 적절한 체온을 유지할 수가 있다.

면 소재는 가볍고 천연섬유이며 환경친화적이지만 발산(發散) 기능이 좋지 않아 땀을 많이 흘리게 되면 소재가 무거워지며 몸의 열이 유실되어 체온 저하 현상과 더불어 감기를 유발할 수도 있고, 기분상태에도 부정적인 영향을 미칠 수 있어 달리기 운동 시 입기에는 가장 좋지 않은 소재라고 할 수 있다.

• **상의** 솔기가 적고 부드러운 소재로 활발한 움직임에 의한 마찰로 피부에 손상을 주지 않으며 입고 벗기에 편한 것이 적합하다. 특히 팔의 움직임이 자유로워야 한다. 더운 여름에는 통풍이 잘되는 가벼운 복장으로 목과 팔의 움직임이 편한 소매가 없는 민소매나 라운드 티셔츠를 입고, 추운 겨울에는 방수가 잘되는 점퍼를 입는다. 추운 날씨에도 편하게 옷을 입는 가장 좋은 방법은 두꺼운 옷을 하나만 입는 것보다는 가벼운 옷을 여러 겹 겹쳐 입는 것이 좋다. 즉 옷과 옷 사이에 공기가 머물면서 체온을 보존할 수 있게 한다. 또한, 덥다고 느껴지거나 땀이 나면 하나씩 벗거나 하여 알맞은 체온을 조절할 수 있다는 이점이 있다. 그리고 체온 관리는 부상과 직결된다는 점에서 달리기 전과 달린 이후의 복장에도 각별히 신경써야 한다. 달리기 전후의 체온 변화나 밤낮의 기온 차를 고려해 바람을 막을 수 있는 윈드 재킷을 구비하고, 용도와 날씨에 맞게 입을 이너 웨어와 아웃 웨어를 마련해 겹쳐 입는 것이 좋다.

- **하의** 통기성이 좋고 땀을 잘 흡수하는 합성섬유의 신축성 있는 가벼운 타이즈나 반바지가 가장 적합하다. 달릴 때 두 다리의 반복적인 활발한 움직임은 허벅지 안쪽의 마찰에 의한 찰과상을 입힐 수 있으므로 이음새가 될 수 있는 한 촘촘하고 얇게 바느질되어 있는 것이 좋다.

② 모자

모자는 더울 때 햇빛을 가려 눈을 보호해 주고, 추울 때는 체온을 유지시켜줄 수 있는 유용한 복장 가운데 하나이다. 특히 야구 모자는 빗물이 눈에 들어가는 것을 막아 시야를 확보해 주며 여름철에는 자외선으로부터 눈과 피부를 보호해주고, 사파리 스타일의 모자는 뒷목의 피부 손상을 막아주는데 유용하다. 또한, 겨울철에는 몸에 있는 열의 90%가 머리를 통해 소실되므로 체온 유지에 상당한 도움이 된다. 따라서 각각의 용도에 맞게 모자를 선택적으로 쓰되 모자로 인하여 시야가 좁아지고 바람에 의해 모자가 벗겨지지 않도록 각별히 주의한다.

③ 양말

달리기용 양말은 통기성, 흡한성(땀 흡수), 속건성 등 기능 외에도 미끄럼을 방지하고 발목을 적절하게 조여주어야 하므로 100% 면 소재보다는 합성소재 혹은 혼합물로 된 섬유소재의 양말이 좋다. 또한, 외부의 충격을 완화해 발을 보호할 수 있는 푹신하고 적당히 도톰하며 착용감이 좋아야 한다. 즉 너무 얇은 양말은 신발 내부에서 발이 미끄러지게 되고 너무 두꺼운 양말은 발을 너무 조이기 때문에 시간이 지나면 건막류, 신경종 등 다른 문제들을 일으킬 수 있다. 그리고 너무 딱 맞거나 조이지는 않는지, 아킬레스건을 충분히 덮을 만큼 발목까지 올라오는지 확인해야 한다. 즉 자신의 발에 비하여 너무 큰 양말은 신발 내부에서 주름이 잡혀 물집이 생길 수 있으며 너무 작은 양말은 불편함을 느낄 수 있으므로 양말과 신발을 항상 함께 착용해보고 선택하도록 해야 한다. 그 밖에도 발가락 부위에 문제를 일으킬 수 있는 솔기가 있는지도 꼼꼼히 확인해 볼 필요가 있다.

모자 : 더울 때 햇빛을 가려 눈을 보호해주고 추울 때는 체온을 유지시켜 준다.

선글라스 : 테가 머리를 압박하지 않으며 귀 뒷부분에 밀착되어 달릴 때 코 밑으로 미끄러지거나 흔들림이 없는 것이 좋으며 강한 직사광선으로 인한 눈의 피로와 손상을 방지할 수 있다.

상의 : 솔기가 적고 부드러운 소재로 활발한 움직임에 의한 마찰로 피부에 손상을 주지 않으며 벗기에 편한 것이 적합하다.

하의 : 통기성이 좋고 땀을 잘 흡수하는 합성섬유의 신축성 있는 가벼운 타이즈나 반바지가 가장 적합하다.

양말 : 외부의 충격을 완화해 발을 보호할 수 있는 푹신하고 적당히 도톰하며 착용감이 좋아야 한다.

신발 : 러닝화는 발과 신체에 가해지는 충격을 흡수하고 상해로부터 신체를 보호해주는 중요한 기능을 하므로 자신의 발사이즈에 맞게 골라야 한다.

④ 스포츠 브라

여성의 경우 달릴 때 가슴의 흔들림을 방지하고 편안하게 고정시켜주는 스포츠 브래지어를 착용하는 것이 바람직하다. 자신에게 잘 맞고 편안하며 적절하게 가슴을 지지해 줄 수 있는 것이 적합하다. 브래지어는 합성 혹은 인공과 천연의 혼방 섬유로 만들어진 것으로 땀을 잘 배출하고 피부를 숨 쉬게 하는 소재가 좋다. 세탁을 자주 해야 한다는 점과 시간이 지나면 브래지어의 탄력을 잃고 헐거워진다는 것을 감안하여 교체의 시기를 염두에 둘 필요가 있다.

그 밖의 것들

① 선글라스

강한 직사광선으로 인한 눈의 피로와 손상을 방지하기 위해 선글라스를 착용하는 것은 필수다. 달리기에 적합한 선글라스는 테가 머리를 압박하지 않으며 귀 뒷부분에 밀착되어 달릴 때 코 밑으로 미끄러지거나 흔들림이 없는 것이 좋다. 또한, 렌즈가 얼굴 부위에 닿지 않는 것으로 바람의 저항이 적은 유선형을 선택하는 것이 좋다. 특히 렌즈는 시력 보호를 위해 물체가 왜곡되지 않는 것을 선택해야 한다.

② 자외선 차단제

강한 자외선은 피부 노화를 촉진하고 피부암의 원인이 되기도 한다. 이를 방지하기 위해 야외 운동 시엔 피부에 자외선 차단제를 바르는 것이 좋다. 특히 달리기 운동 시 물에 쉽게 지워지지 않는 자외선 차단제는 계절과 상관없이 노출되는 모든 피부에 반드시 발라 주어야 한다. 대부분의 경우 자외선 차단지수 SPF(Sun Protection Factor) 15 정도로도 충분하지만 뜨거운 태양 아래 장시간 노출되거나 태양 광선이 매우 강할 때는 더 강한 보호 작용을 할 수 있는 높은 SPF 지수의 차단제를 사용하는 것이 좋다.

Tip

자외선 차단제에 대한 조언 사항

- 자외선 차단지수 SPF 15 이상의 제품을 사용할 것
- 자외선 A(UVA)와 자외선 B(UVB)를 모두 차단할 수 있는 것을 사용할 것
- 땀이나 물에 쉽게 지워지지 않는 방수 기능이 있는 것을 사용할 것
- 피부의 상층부에 스며들도록 달리기 20~30분 전에 자외선 차단제를 바를 것.
- 3~4시간마다 자외선 차단제를 다시 바를 것
- 1년 내내 사용할 것

❸ 심박계

심장박동 측정기, 즉 심박계는 달리는 동안 자신의 몸 상태를 객관적으로 알려줄 수 있으므로 적절한 운동 강도를 유지하면서 달릴 수 있도록 도움을 준다. 또한, 심박수에 근거한 다양한 훈련을 과학적으로 하기 위해서도 필요한 유용한 장비 가운데 하나다. 무선주파수를 이용한 비교적 정밀하고 간단한 장비가 있으므로 자신이 필요로 하는 기능에 맞는 것을 선택하여 적극 활용한다면 달리기로 인한 가장 심각한 사고를 예방할 수도 있다.

❹ 달리기용 시계

달리기용 시계는 기본적으로 시간, 스톱워치 기능이 있어야 하며 가능하다면 구간 기록을 측정할 수 있는 기능과 어두울 때 운동하는 경우를 생각해 조명장치가 있는 것도 좋다. 또한 모니터에 나타나는 숫자의 크기가 큰 것이 달리면서 시간을 보는데 좀 더 수월하며 시계 줄의 소재는 땀 냄새가 날 수 있는 섬유 소재보다는 합성고무 소재를 권한다.

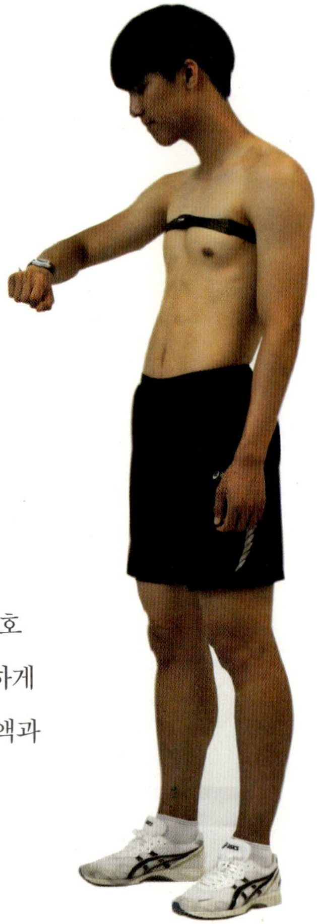

준비운동과 정리운동

어떠한 운동이든 시작하기 전에 실시하는 준비운동은 호흡기와 순환 기능을 활성화할 뿐만 아니라 관절을 유연하게 하고 골격근의 온도를 높여 대사를 촉진시킨다. 또한, 혈액과 효소의 공급량이 늘어나고 근육과 관절의 기능을 원활하게 한다.

준비운동은 고령자일수록, 운동 초보자일수록 그리고 날씨가 추울수록 반드시 해야 한다. 준비되지 않은 상태에서 몸을 무리하게 움직이면, 심장에 부담을 주거나 근육과 관절에 상해를 입기 쉽다.

준비운동과 정리운동은 달리기 전후에 5분에서 10분 정도 가볍게 걷거나 스트레칭으로 신체 부상을 예방하는 워밍업과 쿨 다운으로 수행된다. 우리 몸의 심장도 준비운동이 필요하다. 가벼운 걷기를 통한 준비운동은 보다 강도가 높은 달리기를 위해 심장 근육을 풀어주는 역할을 한다. 따라서 준비운동은 신체에 무리가 가지 않도록 해야 한다.

운동을 마칠 즈음에는 운동 강도를 서서히 줄여서 심장으로 혈액이 순조롭게 공급되도록 한다. 이는 달리기를 갑자기 중단하게 되면 혈액이 심장으로 전달되기 어려워져서 심장에 부담을 높일 수 있기 때문이다.

운동 후에는 신체 피로 회복을 위해 정리운동을 하도록 한다. 특히 운동 후 바로 눕거나 쉬지 말고 마지막 운동의 20~30% 정도로 운동성 정리운동을 하면 피로를 가져오는 젖산, 암모니아, 무기인산염 등이 체내에 축적되는 것을 막는다. 또한 정리운동은 신체 온도를 낮추어 운동 전의 안정된 상태로 돌려주고 골반 주변 근육이나 대퇴근 등 하체 근육의 스트레스를 줄여 운동 후 근육통과 각종 결림 증상을 예방하는 데 효과적이다.

준비운동

❶ ❷ 목, 가슴 운동(목 당기고 가슴펴기)

정면을 바라보고 어깨너비만큼 발을 벌려 선다. 두 손은 머리 뒤쪽에서 깍지를 낀다. 천천히 깊은 호흡과 함께 팔꿈치를 가슴 앞쪽으로 모으면서 머리를 앞으로 숙인다(10초간 유지).

❸ 어깨 운동(어깨 당겨 늘리기)

어깨너비만큼 발을 벌려 선다.

오른(왼)팔을 펴고 왼(오른)팔로 천천히 당긴다(10초간 유지).

이때 고개를 팔의 반대쪽 방향으로 돌려 앞을 바라보고,

펴져 있는 팔은 구부러지지 않도록 하여 천천히 당긴다.

❹ 팔(삼두) 운동

정면을 바라보고 어깨너비만큼 발을 벌려 선다.

오른(왼)팔을 뒤로 하고 왼(오른)팔로 서서히 당긴다(10초간 유지).

이때 머리는 앞으로 숙이지 않도록 주의한다.

❺ 몸통 운동(옆구리 늘리기)

정면을 바라보고 어깨너비만큼 발을 벌려 선다.

깍지를 끼고 머리 위로 밀어 올린다(10초간 유지).

❻ 몸통 운동(옆구리 늘리기)

정면을 바라보고 어깨너비만큼 발을 벌려 선다.

두 손은 깍지를 끼고 머리 위를 향하여 밀어 올린 후 오른(왼)쪽으로 천천히 굽혀 준다(10초간 유지).

❼ 어깨 운동(어깨 돌리기)

정면을 바라보고 어깨너비만큼 발을 벌려 선다.

두 손을 가볍게 어깨 위에 올리고 팔꿈치로 크게 원을 그리듯 천천히 앞(뒤)으로 돌린다(4회 반복).

⑧ 대퇴부 전면 늘리기

두 손, 또는 한 손으로 오른(왼)발을 뒤로 잡는다(10초간 유지)

⑨ 엉덩이 늘리기운동

오른쪽 다리를 굽혀 두 손으로 무릎을 잡고 가슴쪽으로 다리를 끌어 올린다 (10초간 유지). 왼쪽 다리도 동일하게 실시한다.

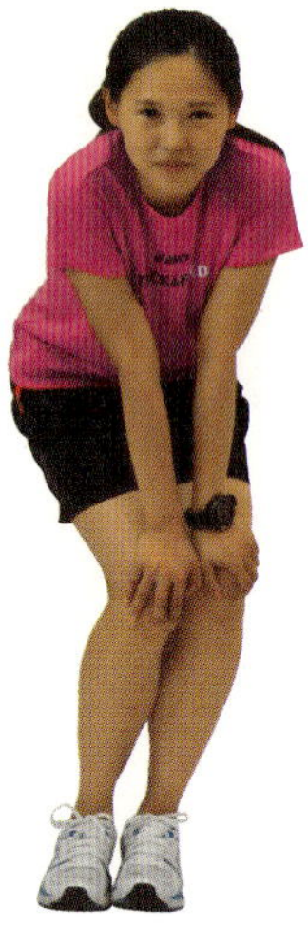

⑩ 무릎 좌·우 돌리기

두 발을 모으고 두 손으로 무릎을 잡고 천천히 원을 그리며 오른쪽 방향으로 돌려준다(4회 실시).

반대쪽 방향으로도 동일하게 실시한다.

⑪ 허리·대퇴부 후면 늘리기

두 발을 모으고 허리를 앞으로 숙여 두 손으로 발 끝을 잡아준다(10초간 유지).

이때 무릎이 굽혀지지 않도록 주의한다.

⑫ 종아리 늘리기

상체를 앞으로 숙여 왼(오른)쪽 다리는 굽히고 오른(왼)쪽 다리는 앞으로 뻗어 왼(오른) 손으로는 오른(왼)쪽 무릎을 잡아 가볍게 누르고 오른(왼) 손으로는 오른(왼)쪽 발 끝을 잡는다(10초간 유지).

정리운동

❶ ❷ 가슴, 목 운동(목 당기고 가슴펴기)

정면을 바라보고 어깨너비만큼 발을 벌려 선다. 두 손은 머리 뒤쪽에서 깍지를 낀다. 천천히 깊은 호흡과 함께 팔꿈치를 가슴 앞쪽으로 모으면서 머리를 앞으로 숙인다(10초간 유지).

❸ 어깨 운동(어깨 당겨 늘리기)

어깨너비만큼 발을 벌려 선다.

오른(왼)팔을 펴고 왼(오른)팔로 천천히 당긴다(10초간 유지).

이때 고개를 팔의 반대쪽 방향으로 돌려 앞을 바라보고,
펴져 있는 팔은 구부러지지 않도록 하여 천천히 당긴다.

❹ 팔(삼두) 운동

정면을 바라보고 어깨너비만큼 발을 벌려 선다.
오른(왼)팔을 뒤로 하고 왼(오른)팔로 천천히 끌어 당긴다(10초간 유지).

❺ 몸통 운동(옆구리 늘리기)

정면을 바라보고 어깨너비만큼 발을 벌려 선다.
깍지를 끼고 머리 위로 밀어 올린다(10초간 유지).

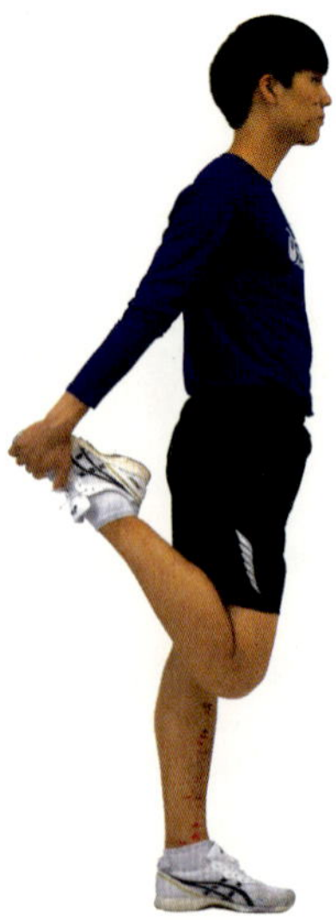

❻ 대퇴부 전면 늘리기

두 손, 또는 한 손으로 오른(왼)발을 뒤로 잡는다(10초간 유지)

⑦ 엉덩이 늘리기운동

오른쪽 다리를 굽혀 두 손으로 무릎을 잡고 가슴쪽으로 다리를 끌어 올린다(10초간 유지). 왼쪽 다리도 동일하게 실시한다.

⑧ 허리·대퇴부 후면 늘리기

두 발을 모으고 허리를 앞으로 숙여 두 손으로 발 끝을 잡아준다(10초간 유지).

이때 무릎이 굽혀지지 않도록 주의한다.

⑨ 무릎 좌·우 돌리기

두 발을 모으고 두 손으로 무릎을 잡고 천천히 원을 그리며 오른쪽 방향으로 돌려준다(4회 실시). 반대쪽 방향으로도 동일하게 실시한다.

POWER

PART 4
달리기에도 원칙이 있다

올바른 달리기 자세를 만들기 위해서는 서 있는 상태로 몸 전체를 옆에서 보았을 때 머리부터 몸통, 그리고 엉덩이까지 일자 형태로 반듯하게 달리는 것이 좋다. 시선은 턱을 약간 당긴 상태에서 전방 10~20m를 보고 손은 가볍게 말아 쥐고, 뒷발은 90° 정도 구부려 자연스럽게 내딛는다.

Chapter 01

달리기의 올바른 자세와 동작

달리기의 기본자세

달리기의 자세는 걷기 자세와 비슷하나 몸통은 지면과 일직선이 되게 하고, 발 앞꿈치가 지면에 닿도록 하며 가슴은 자연스럽게 펴고 등을 꼿꼿이 세우고 엉덩이는 안으로 넣어 머리에서 어깨와 엉덩이를 지나 땅에 이르는 선이 수직선이 되도록 한다. 즉 올바른 달리기 자세를 만들기 위해서는 서 있는 상태로 몸 전체를 옆에서 보았을 때 머리부터 몸통 그리고 엉덩이까지 일자 형태로 반듯하게 달리는 것이 좋다. 시선은 턱을 약간 당긴 상태에서 전방 10~20m를 보고 손은 가볍게 말아 쥐고, 뒷발은 90° 정도 구부려 자연스럽게 내딛는다. 이동 시 보폭은 개인의 신체조건이나 달리는 환경에 따라 차이가 나지만 무리하게 벌리지 말고 가볍게 앞으로 던진다는 기분으로 뻗어 주는 것이 좋다.

반드시 한 발이 땅에 붙어 있는 상태에서 전진하는 것이 걷기이고, 두 발이 동시에 공중에 떠 있는 상태에서 전진하는 것이 달리기이다. 또한 일반적인 달리기는 발 전체가 지면에 닿지만 조깅은 발 앞꿈치만 닿는다.

시선 : 턱을 약간 당긴 상태에서 전방 10~20m를 보고 달린다.
머리 : 일자 형태로 반듯하게 달린다.
몸통 : 일자 형태로 반듯하게 달린다.
손과 팔 : 가볍게 말아 쥐고 팔은 L자로 굽혀서 앞뒤로 흔든다.
엉덩이 : 일자 형태로 반듯하게 달린다.
발 : 발바닥으로부터 부드럽게 내딛고 뒷발은 90° 정도 구부려 자연스럽게 내딛는다.
보폭 : 가볍게 앞으로 던진다는 기분으로 뻗어준다.

Tip

잘못된 달리기는 당신의 건강을 해친다!

달리기 자세가 좋지 않은 사람들은 신발 밑창이 일정하게 닳지 않고 안쪽이나 바깥쪽만 심하게 닳는다.
잘못된 달리기는 관절과 근육에 무리를 주고 건강에도 문제를 일으킬 수 있다. 따라서 바른 자세의 달리기가 필요하며 복근과 근육 등의 강화로 허리의 부담을 줄이도록 한다.

첫째 구부정하게 달리는 자세

구부정한 자세의 달리기는 어깨, 목 그리고 등에 통증을 유발할 수 있다. 달리기 전에 근육의 긴장을 충분히 풀어주고 달리는 동안 고개가 떨어지지 않도록 전방 10~15m 정도를 바라보며 달린다.

둘째 보폭이 좁은 달리기

보폭이 좁으면 무릎이 충격을 받게 되어 무릎 관절에 부담을 주게 되고 그 통증은 허리까지 이어질 수 있다. 이런 사람들은 보폭을 넓게 하여 달리도록 한다.

셋째 옆으로 흔들며 달리는 자세

보통 비만한 사람들이 옆으로 흔들며 달리는데 체중이 앞쪽으로 많이 쏠리거나 보폭이 너무 넓기 때문에 종종 생긴다. 옆으로 흔들며 달리면 그만큼 체력 소모도 많아지고 쉽게 피곤을 느낄 수 있기 때문에 오래 달리기가 힘들다. 따라서 몸의 균형을 잘 잡고 보폭을 좀 더 좁게 하여 달리도록 한다.

넷째 상하로 크게 흔들며 달리는 자세

달릴 때 상체를 상하로 움직이며 달리면 신체 에너지의 손실이 높을 뿐 아니라 머리도 울려 피곤을 호소할 수 있다. 의식적으로 상체를 세워 달리고 머리가 지면과 평행하도록 달린다.

Tip

건강달리기의 기초요령과 적응 방법

▶ 기초요령

첫째 자세가 수직이 되어야 하는 것은 무겁지 않게 가볍게 달리기 위해서이다.

둘째 움직임의 형태가 평행이 되면 앞을 향해 달려가기에 역학적으로 바람직하며 방해받지 않고 부드럽게 달릴 수 있다.

셋째 달리는 동작이 수평을 이루어야 하는 것은 충격을 최소화하고 무릎의 부담을 덜고 힘의 소비를 줄이기 위해서이다.

넷째 100m 단거리는 뒤꿈치를 들고 발 앞쪽으로 뛰지만 건강달리기는 발뒤꿈치가 먼저 지면을 스치듯이 부드럽게 닿아 순간적으로 발끝 쪽으로 굴러가듯이 옮겨가야 충격을 덜 받게 된다.

마지막으로 가장 중요한 것은 호흡법이다. 달리기에 필요한 에너지를 생산하기 위해 평소보다 4~5배의 산소가 필요하고 부수적으로 4~5배의 이산화탄소가 발생하기 때문에 이산화탄소를 충분히 내보내고 산소를 충분히 섭취하는 호흡대사가 원활하게 이루어져야 한다. 호흡은 복식호흡을 하고 가능한 한 코로만 호흡하고 입을 다무는 편이 바람직하다.

인체기능의 변화와 적응은 결코 하루아침에 이루어지지 않는다. 적응에 필요한 기간은 3~6개월이며 이 기간에는 무리하지 말고 몸 길들이기 훈련을 인내심을 가지고 해내야 한다. 이 기간이 지나면 서서히 운동효과를 느끼게 된다. 우물가에서 숭늉을 마시려는 성급함이나 욕심은 금물이다.

▶ 적응방법

운동량 초보자는 자기 운동량의 60% 수준을 일정기간 반복하면서 차츰 운동량을 늘려나가야 한다.

예를 들어 500m를 달려봐서 숨차고 힘들면 60%인 300m만 2~3주 달려보고 나서 500m를 달려보면 숨차지 않다는 것을 느낄 것이다.

속도와 강도 서로 편안하게 대화를 하면서 가볍게 달릴 수 있는 수준이 건강을 위해 가장 좋다.

운동횟수 매일 아침 규칙적으로 달리는 것이 바람직하다. 건강달리기는 50%의 정신력, 30%의 기술, 20%의 체력이 뒷받침된다면 누구나 훌륭하게 해낼 수 있다. 지금까지 살아온 생활양식과 습관을 변화시키는 자기개혁에는 무엇보다 강인한 의지와 집념, 부지런함이 절대적으로 필요하다.
점점 심해지는 환경오염, 공해, 유해물질, 환경호르몬, 그리고 많은 스트레스를 자율신경에 의한 기초대사만으로는 깨끗이 해소시키기에 역부족이기 때문에 규칙적인 전신운동으로 신진대사를 촉진하여 해독기능과 몸안의 청소를 도와야 한다.

에너지 효율을 높여 주는 호흡법

달릴 때는 숨을 깊게 들이마시고 내쉬어야 체내 에너지원을 효율적으로 사용할 수 있고 운동 효과도 극대화할 수 있다. 얕게 숨을 쉬거나 호흡량이 적으면 목과 기관지까지만 산소가 공급되어 산소와 이산화탄소가 교체되는 폐까지 호흡이 미치지 못하게 된다. 그러면 산소와 이산화탄소가 교환되지 않아 대기 중 노폐물이 체내에 축적되어 피로감이 몰려오고 결국 오래 달릴 수 없게 된다. 따라서 충분한 산소를 공급받고 운동 추진력을 얻으려면 호흡에도 신경써야 한다.

호흡에 집중하는 방법은 코를 이용해 숨을 들이마시고 내쉬며 움직이는 경로를 의식적으로 따라가는 것이다. 그러면 숨을 깊게 쉴 수 있을 뿐만 아니라 호흡량도 많아진다.

가볍게 달리는 동안은 얕은 호흡으로도 불편함을 느끼지 못하지만, 본격적으로 달리다 보면 숨이 차오르면서 호흡이 빨라지고 곧 지치게 된다. 특히 등이 굽어 앞으로 쏠린 자세는 공기의 통로도 좁아지고 폐도 압박을 받아 공기를 들이마시기 어렵다. 이럴 때를 대비해 호흡을 연습해 두면 힘들거나 지치지 않고 기분 좋게 달릴 수 있다.

머리와 목 자세

달리기를 할 때 머리의 위치는 중요하다. 하지만 달리기를 할 때 다른 자세는 신경을 많이 쓰지만 유독 머리에 대해서는 신경을 쓰지 않는 경우가 대부분이다. 머리 위치는 척추를 따라 일직선이 되어야 하며 머리를 숙이게 되면 척추도 따라 움직여서 등이 아치형으로 굽게 된다. 또한 목을 좌우, 상하로 움직이는 것은 방향과 속도 조절에도 관계가 있다.

시선은 너무 멀거나 가까운 곳을 바라보지 않도록 주의한다. 즉 시선을 너무 먼 곳에 두면 쉽게 눈이 피로해질 수 있고 너무 가까우면 목 근육의 피로로 집중력이 떨어질 수 있다. 따라서 평지에서 달릴 때는 약 10~20m 앞을 바라보고, 보통 빠르게 달릴 때는 약 30~40m 앞을 바라보고 빠르게 달릴 때는 약 30~100m 앞을 바라보며 달리는 것이 좋다.

Tip

달리기 중 복식 호흡, 이런 점이 좋다!

보통 사람들은 심한 스트레스를 받거나 화가 날 경우 마음을 가라앉히기 위해 호흡을 크게 한다. 깊은 호흡은 마음을 진정시키고 스트레스를 해소시켜 목과 등의 균형을 바로 잡는 데 도움이 된다. 달리기 중 복식 호흡을 하게 되면 복근이 단련되어 안정감 있게 달릴 수 있으며 달리기가 끝난 후 호흡도 빠르게 정리할 수 있다.

안정된 달리기를 위한 팔 동작

팔의 움직임은 달리기 운동 시 필요한 리듬을 제공한다. 달릴 때 팔은 양어깨를 중심으로 마치 흔들리는 시계추처럼 움직여야 한다. 즉 손을 자연스럽게 말아 쥐고 팔꿈치의 각도는

90° 정도를 유지하며 정면에서 바라보았을 때 두 팔은 11자 모양으로 자신의 양 옆구리를 가볍게 스치도록 한다. 팔을 앞·뒤로 크게 흔드는 동작은 에너지 소비가 많으므로 자신의 달리는 속도와 비례하여 가볍고 자연스러운 팔 동작을 유지하며 달리도록 한다.

달릴 때의 다리 동작

달릴 때 다리 동작은 추진력을 효과적으로 발휘할 수 있어야 한다. 다리는 너무 높이 들지 않도록 하고 발목과 발가락의 힘을 적절히 이용해서 달리는 것이 좋다. 발을 앞으로 뻗을 때는 무릎을 완전히 펴지 말고 조금 구부려 충격을 줄이며, 착지할 때도 무릎을 살짝 구부려 충격을 최소화시키고 몸의 중심을 자연스럽게 반대쪽 다리로 옮길 수 있도록 한다.

무릎을 끌어올릴 때 양다리의 각도는 90° 정도가 적당하며, 발이 지면에 착지한 후에 뒤쪽 다리의 종아리 부분이 수평선에서 약간 올라가는 자세가 되도록 하여 끌어당기면 달리기 동작이 경쾌하게 이루어진다. 앞쪽 다리의 무릎 각도는 약 155° 정도가 되도록 하는 것이 좋다.

Chapter 02

달리기 주법의 종류

달리기를 능률적으로 하려면 기본적으로 달리는 방법을 알아야 한다. 달리는 방법에 따라 기본주법을 다음과 같이 분류할 수 있다.

샤킹(Shacking)

샤킹은 달린다기보다 달리는 것처럼 보이는 걷기라고 할 수 있으며 아주 느리게 몸 전체의 힘을 뺀 자세로 달리는 것이다. 이는 준비운동이나 정리운동을 할 땐 맨 처음 시작하는 방법으로 몸 전체의 긴장을 풀어버린 상태에서 달리는 방법이다.

조깅(Jogging)

조깅은 샤킹보다 속도도 약간 빠르고 팔과 다리의 동작을 주법에 맞추어 달리는 것이다. 이것 역시 준비운동이나 빠른 속도로 달린 다음의 호흡조절운동 등에 이용된다.

스트라이딩(Striding)

스트라이딩은 보폭을 넓혀서 달리는 주법이다. 리듬을 붙이고 무릎을 높이 들어 올려서 그 발이 땅에 닿기 전에 무릎 아랫 부분을 앞쪽으로 뻗으면서 달리는 것으로 팔을 흔드는 동작이 크고 피치는 느리다. 준비운동이 끝난 다음 100~200m를 달릴 때 이용되며 중거리 달리기 때 많이 사용하는 주법이다.

트로팅(Trotting)

트로팅은 보폭을 좁게 하여 발을 빨리 옮기는 주법으로 중거리 및 장거리 달리기에서 많이 사용하고 있다. 이 주법은 발의 피치를 빠르게 하거나 도로경기에서 오르막길을 효율적으로 달리기를 위한 방법으로 많이 사용된다. 따라서 팔의 움직임은 작고 발동작이 빨라야 하기 때문에 무릎을 많이 들어 올리지 않으며 피치를 빠르게 하는 연습 등에도 쓰인다.

스프린팅(Sprinting)

스프린팅은 온몸, 특히 다리의 탄력을 이용하여 무릎을 높게 올리고 팔을 힘차게 흔들며 달리는 주법으로 주로 단거리 달리기나 스피드 향상을 위한 연습 시에 많이 이용된다. 스트라이드와 피치가 조화를 이루어 폭발적인 힘으로 달리는 방법이며 100m, 200m에 이용되는 주법이다.

롱 스프린팅(Long sprinting)

롱 스프린팅은 스타라이딩보다 약간 좁은 보폭으로 리드미컬하게 전력에 가깝게 달리는 달리기 주법으로 400m의 주법으로 많이 이용된다. 폭발적인 힘을 쏟는 것은 아니지만 자연스럽게 달리는 주법으로 피치가 올라가지 않는 것이 특징이다.

직선 달리기(Long streak)

직선 달리기는 발바닥과 무릎을 똑바로 하여 직선을 정확히 밟으면서 빠른 속도로 팔을

전후로 힘차게 흔들며 큰 동작으로 달리는 주법이다.

관성달리기(Float)

관성달리기는 100~200m를 달릴 때 초반에는 70% 정도의 스피드로 달리기 시작하고 이후에는 달리는 관성을 이용하여 힘을 새롭게 들이지 않고 스피드의 변화가 거의 없이 달리는 주법이다.

변화달리기(Limber up)

변화달리기는 150~200m를 곡선의 전반 부분에서는 깊은 전경으로, 후반 부분에서는 빨

리, 짧게 그리고 직선의 전반 부분에서는 보폭을 넓게, 후반 부분에서는 무릎을 높게 올려 구간마다 변화를 주어 달리는 주법이다.

변속달리기(Wave)

변속달리기는 전력질주를 하다가 관성달리기를 하며 다시 서서히 달리든지, 아니면 반대로 하여 속도를 변화시키며 달리는 주법이다.

가속달리기(Accelerate)

가속달리기는 출발 시는 느린 속도로 달리다가 결승선을 앞둔 일정한 거리에서는 최대의 속도를 내는 주법으로 계획된 거리에 서서히 가속이 더해져 최종지점에서는 최대의 속도를 낼 수 있도록 달리는 주법이다.

- 건강과 부는 미를 창조한다. **– H.G.보운**
- 건강과 지성은 인생의 두가지 복이다. **– 메난드로스**
- 건강은 행복의 어머니이다. **– 프란시스 톰슨**
- 건강이 있는 곳에 자유가 있다. 건강은 모든 자유 가운데 으뜸이다. **– H.F.아미엘**
- 건강한 신체에 건강한 정신 **– 유베날리스**
- 질병은 느낄 수 있지만 건강은 전혀 느껴지지 않는 것. **– 토머스 풀러**
- 건강은 행복의 어머니 **– 탐슨**

Chapter 03

달리기에 알맞은 장소

달리기의 장점

언제, 어디서든, 누구나 마음만 먹으면 할 수 있다는 것이다. 하지만 효과적인 운동이 되기 위해서는 적합한 장소를 선택할 필요가 있다. 매일 같은 코스를 달리면 지루해지고 흥미도 떨어질 수 있으므로 시각의 즐거움도 함께 느낄 수 있는 새로운 코스를 찾아내 달리는 것이 좋다.

① 흙이나 잔디가 있는 곳이 좋다.
딱딱한 콘크리트 바닥은 장시간을 달리게 될 경우 발목과 무릎, 허리에 부담을 줄 수 있어 좋지 않다. 노면이 미끄럽거나 고르지 못하면 사고의 위험이 있으므로 마찰력이 있는 곳을 선택한다.

② 너무 멀거나 가기 번거로우면 운동을 포기하게 될 수 있으므로 집이나 회사, 학교에서 가까운 곳이 좋다.

③ 공원처럼 나무가 많은 곳이 좋다.
달리면서 신선한 공기를 많이 마실 수 있다면 폐기능이 좋아지고 기분도 상쾌해져 운동 효과가 커진다.

④ 도로를 달릴 때는 시야가 탁 트이고 건널목이나 육교처럼 운동을 방해하는 장애물이 없는 곳이 좋다.

⑤ 거리 측정을 쉽게 할 수 있도록 코스는 단순할수록 좋다.
집 주변의 학교 운동장이 권할 만하다.

⑥ 사람들이 많이 이용하는 장소를 선택한다.
인적이 드문 곳은 사고 발생 시 도움을 받기가 어렵다.

Chapter 04

달리기의 기본원리

달리기 전 체력 테스트

'1마일(1.6km) 테스트'로 간단하게 체력을 테스트 해보자. 이 방법은 우리나라 체육과학연구원에서도 일반적으로 체력 테스트를 실시할 때 사용하는 방법이다. 특별한 기구없이 집 근처의 학교로 가서 운동장을 달리면 된다. 이때 학교 운동장 트랙이 보통 200m, 400m이므로 이를 확인하고 8바퀴나 4바퀴를 뛰면 된다. 본인의 체력을 테스트하는 일이니만큼 무리하게 실시하지 않도록 해야 한다.

1 방법

가벼운 스트레칭으로 준비운동을 하고 5~10분 정도 가볍게 달려준다. '1마일(1.6km) 테스트'를 실시할 경우 무리하게 속도를 내지 않고 일정한 속도를 유지하면서 쉬지 않고 1마일을 달린 후 소요 시간을 측정하도록 한다. 정리운동으로 5분 이상 천천히 달리며 호흡을 정리한다.

다른 방법으로는 운동 부하검사를 통한 체력 테스트가 있다. 트레드밀이나 고정식자전거를 이용하여 가스분석을 통한 운동 부하검사를 통해 테스트해보자.

운동강도

운동강도란 얼마만큼의 운동을 할 것인지를 정하는 중요한 요소 중의 하나이다. 개개인 모두가 각기 다른 운동 능력을 갖추고 있으므로 운동강도는 운동능력과 수준에 맞게 설정하여야 하고 적절한 범위 내에서 운동을 실시할 수 있도록 해야 한다. 손쉽게 운동강도를 측정할 수 있는 방법은 심장 박동수를 이용하는 것인데 심장은 운동 중에 가장 민감하고 정확하게 반응하기 때문에 심장 박동수를 이용해 운동강도를 설정하기도 한다.

단, 대사증후군이나 만성질환자들은 심박수나 혈압에 영향을 미치는 약물을 복용하기 때문에 의사와 상담을 통해서 운동강도를 설정하도록 한다.

빈도 및 시간

운동빈도란 같은 운동을 일주일에 몇 번 또는 하루에 몇 번 할 것인가를 말하고 운동시간이란, 같은 운동강도의 운동을 한 번에 몇 분, 몇 시간을 할 것인가를 말한다. 처음 운동을 접하는 사람들은 욕심부리지 않고 조금씩 운동을 접하는 것이 좋다. 주 3회 30분 이상을 가볍게 달리는 것이 좋으며 점차 시간을 늘려가도록 한다. 운동이 습관화가 되는 시점에서는 주 5회 정도로 운동하도록 하며 1시간 정도를 가볍게 달리는 것이 좋다. 달리기도 다른 운동과 마찬가지로 한 번의 운동을 통해 효

과가 나타나지 않기 때문에 꾸준히 하는 것이 좋다. 최소 2~3개월은 지속해야 효과가 나타나므로 일찍 포기하지 않도록 한다.

운동을 처음 접하는 사람들은 첫 4주는 운동 적응기로 생각하여 운동하도록 한다. 의욕에 앞서서 무리하게 되면 근육의 통증이 생겨 포기하는 경우가 많아진다. 꼭 30분이 아니더라도 15~20분 정도만이라도 주 3~4회 이상 꾸준히 실시하여 몸을 적응시키는 것이 중요하다. 운동 강도 50%정도로만 설정하여 쉽게 지치지 않도록 하고 4주 정도의 적응기가 끝나면 강도를 조금씩 올려주는 것이 좋다.

환경 및 기타

달리기를 하기에 좋은 온도는 10~15℃이고 습도가 40~60% 이상이어야 좋은 환경이라고 할 수 있다. 기온이 너무 높아지면 달리기를 하기에 힘든 상황이 생길 수 있다. 반대로 너무 낮은 온도에서 달리기를 하면 몸의 열 발생도 쉽지 않고 근육이 경직되어 달리기에 좋지 않은 환경이 된다. 일조시간, 강수량, 기온, 풍향, 풍속, 습도, 기압의 변동 그리고 절대기압 등

이 기후환경에 속하는데 기온, 상대 습도 및 일조시간 등은 달리기를 하는 환경에 영향을 미친다. 마라톤을 하는 선수들의 경우에도 기온, 상대 습도 및 바람의 저항 등이 경기기록에 영향을 미친다고 보고되기도 하였다. 이러한 기후 환경을 적용하여 달리기를 한다면 좋은 컨디션으로 운동을 지속할 수 있다.

Tip

목표 심박수를 직접 계산해 보자!

안정시 심박수 : 손목의 요골동맥에서 15초간 맥박을 측정 × 4
최대 심박수 : 220 – 본인 나이
목표 심박수 = 운동 강도(%)×(최대심박수–안정시심박수)+안정시 심박수

예) 나이가 40세인 성인의 운동 강도를 알아보자. 최대심박수는 220–40이므로 180회가 되고 안정시 심박수는 60회, 운동강도는 60%라고 할 때, 목표 심박수는 0.6×(180–60)+60=132이 된다. 다시 말해 이 경우는 132회의 심박수를 유지하면서 달려야 제대로 운동 효과를 볼 수 있다.

연령별 목표 심박수표(Williams, 1991)

안정시 심박수	연령											
	15~19세	20~24세	25~29세	30~34세	35~39세	40~44세	45~49세	50~54세	55~59세	60~64세	65~69세	70~74세
45–49회	141–187	138–183	135–178	132–174	129–169	126–165	123–160	120–156	117–151	134–147	111–142	108–138
50–54회	143–188	140–183	137–179	134–174	131–170	128–165	128–161	122–156	119–152	116–147	113–143	110–138
55–59회	145–188	142–184	139–179	136–175	133–170	130–166	127–161	124–157	121–152	118–148	115–143	112–139
60–64회	147–189	144–184	141–180	138–175	135–171	132–166	129–162	126–157	123–153	120–148	117–144	114–139
65–69회	149–189	146–185	143–180	140–176	137–171	134–167	133–163	128–158	125–153	122–149	119–144	116–140
70–74회	151–190	148–185	145–181	142–176	139–172	136–167	133–163	130–158	127–153	124–149	121–145	118–140
75–79회	153–190	150–186	147–181	144–177	141–172	138–168	135–163	132–159	129–154	126–150	123–145	120–141
80–84회	155–191	152–186	149–182	146–177	143–173	140–168	137–164	134–159	131–155	128–150	125–146	122–141
85–89회	157–191	154–187	151–182	148–178	145–173	140–169	139–164	136–160	133–155	130–151	127–146	124–142

Chapter 05

달리기와 환경

날씨와 시간

아침에 달릴 때

이른 아침은 교통량이 적고 기분도 상쾌하므로 달리기에 적합하다. 하지만 밤사이 움직임이 없었기 때문에 충분히 준비운동을 한 후 달리기를 시작하는 것이 좋다. 처음부터 빠르게 달리기보다는 가볍게 달리면서 조금씩 스피드를 올리는 것이 좋다. 굳은 몸을 갑자기 움직이게 되면 오히려 근육에 무리가 생길 수 있고 그로 인해 다시 달리기를 할 때 부담감으로 다가올 수 있으므로 처음부터 빠르게 달리지 않도록 한다.

추운 아침에 달릴 때는 혈압 및 체온 관리에 각별한 주의가 필요하다. 급격한 주변 기온 저하와 함께 갑자기 힘을 쓰게 되면 고혈압환자들에게 상당히 위험하므로 충분한 준비운동이 필요하다. 몸을 가볍게 움직이는 체조나 걷기로 시작해서 달리기에 적합하도록 체온을 올려주고 체온 조절은 운동하면서 한 겹씩 벗는 것이 좋다. 하지만 추운 겨울에는 덥고 땀이 난다고 옷을 벗으면 감기에 걸리기 쉬우므로 옷을 벗지 말고 집에 가서 땀을 닦거나 샤워를 한 후 마른 옷으로 갈아입는 것이 좋다.

아침 식사 후에 달리기는 소화를 촉진시키는 효과가 있으나 식사 후 바로 달리게 되면 옆구리가 결리거나 오히려 소화불량을 초래할 수도 있다. 식전에 달리거나 식후 30분 이후에 달리는 것이 좋다. 그러나 안개 낀 날이나 황사 및 미세먼지 농도가 짙은 날 아침, 특히나 바람이 잘 불지 않는 강변은 안개 물방울 속에 미세먼지가 녹아들면서 지표면 가까이에 머물러 있으므로 강변 달리기는 피하는 것이 좋다.

밤에 달릴 때

한 연구 조사에 따르면 오후 7시 이후에 운동하면 낮에 하는 것보다 운동 효과가 크다고 한다. 대기 중의 공해 물질이 밤에는 지면으로 가라앉아 아침이나 낮보다는 밤에 더 공기가 쾌적하기 때문이다.

저녁 식사 전에 달리기를 하면 체내 혈당이 올라가 공복감이 줄어들게 되므로 과식이나 간식에 대한 욕구를 억제할 수 있기 때문에 비만 예방이나 비만으로 고민하는 사람들은 저녁 식사 전에 달리기를 하는 것이 좋다. 하지만 달리기 후 허기짐을 이기지 못하고 음식을 섭취한다면 비만 예방에 오히려 독이 될 수 있다.

불면증으로 고생하는 사람들도 취침 3~5시간 이전이면 달리는 것도 효과적이다. 가볍게 땀을 흘리고 에너지를 소비하고 나면 피로함으로 인해 불면증을 해소할 수 있다. 하지만 강도가 너무 높으면 오히려 수면 방해를 하는 요인으로 작용할 수 있으므로 고강도로 달리는 것을 피하고 약간의 피로감을 느낄 정도로 달린다.

너무 늦은 시간에 달리는 것은 범죄의 위험에 노출 될 수 때문에 인적이 드문 곳은 되도록 피하는 것이 좋고 여러 사람과 함께 달리는 것이 좋다. 밤에는 지면과 환경이 잘 파악되지 않기 때문에 밝은 곳에서 달리기를 하는 것이 좋고 골절이나 상해에 각별한 주의를 해야 한다. 당뇨환자는 저혈당에 빠질 수 있으므로 밤에 달리는 것을 피한다.

여름에 달릴 때

여름은 고온다습하기 때문에 땀이 많이 나므로 체력 소모가 많다. 따라서 작은 물통을 가지고 다니면서 수분을 조금씩 자주 공급해 줘야 한다. 달리는 도중에는 항상 물병을 소지해서 15~20분 사이에 조금씩 섭취하는 것이 좋다. 하지만 물을 많이 마시게 되면 옆구리 결림 현상이 생기기 때문에 달리기를 지속하기 어려워지므로 조금씩 자주 섭취하는 것이 좋다.

여름철에는 일사병과 열사병에 각별한 주의를 해야 한다. 챙이 있는 모자를 써서 직사광선을 피하고 자외선 차단제를 얼굴과 목 등에 발라주는 것이 좋다. 달리는 도중 현기증이 나거나 어지러우면 나무 그늘 같은 곳에서 휴식을 취하고 수분을 공급한 다음 다시 달리기를 하는 것이 좋다. 물을 마시고 안정을 취해도 증세가 나아지지 않으면 병원 검진을 받도록 한다. 기온이 높고 습도가 50% 이상일 경우 땀이 증발하지 않아 건강에 해로우므로 달리기를 하지 않는 것이 좋고 오존주의보나 황사가 있을 경우 달리기를 하지 않는 것이 좋다.

비만인 사람들은 다이어트를 위해 여러 겹의 옷을 껴입고 땀복까지 입고 과하게 운동하는 사람들이 있으나 땀을 너무 많이 흘리게 되면 탈수로 오히려 몸을 상하게 할 수 있으므로 땀을 흡수할 수 있는 가벼운 옷차림으로 달리는 것이 좋다.

Tip

옆구리 결림 현상

갑작스러운 달리기 시 누구나 한번쯤은 갈비뼈 아랫부분에 통증을 느껴본 적이 있을 것이다. 이는 호흡조절에 관여하는 횡격막에 혈류공급의 부족으로 인한 경련이 원인이다. 이때는 평소보다 가벼운 호흡을 더 많이 해보거나 평소보다 깊은 호흡을 천천히 해보는 방식 등으로 호흡법을 달리하면서 운동 강도를 낮추어 보는 것이 좋다.

겨울에 달릴 때

겨울같이 추운 날씨에는 체온 보호를 위해 옷을 든든히 챙겨 입는 것이 좋다. 머리, 귀와 손은 피부가 두껍지 않기 때문에 동상의 위험이 있으므로 모자, 귀마개나 장갑 등의 보온 장비를 착용하는 것이 좋다. 달리기를 하다 보면 땀이 나고 체온이 올라가 더워서 옷을 벗는 경우가 있는데 감기에 걸리기 쉬우므로 운동이 다 끝나도 옷을 벗지 않고 땀을 잘 닦거나 옷을 갈아입어 감기에 걸리지 않도록 주의한다. 달리기 전에 탄수화물을 충분히 섭취하면 체온 유지에 도움이 된다.

추운 날씨에는 근육과 관절이 경직되어 상해를 입기 쉽다. 추운 날엔 특히 몸이 굳어 있기 때문에 갑자기 달리게 되면 상해를 유발할 수 있으므로 충분한 준비 운동으로 체온과 심폐기능의 적응도를 높인 후 시작해야 한다. 휴식 시 땀이 식으면서 찬 기운이 느껴지지 않도록 주의하며 몸을 가볍게 움직여 체온이 떨어지지 않도록 한다. 심장 질환자, 고혈압환자, 노약자는 특히 주의해야 한다.

환절기에 달릴 때

환절기 중 가을에서 겨울로 가는 시기와 겨울에서 봄으로 가는 시기에는 밤, 낮의 기온차가 크고 일별 기후와 온도차가 크므로 인체에 내장된 생체시계가 분주해진다. 온도차에 의해 체온 유지를 위한 기초대사량 변화가 크고 독감, 기관지염 등의 호흡기 질환과 함께 혈관수축이 활발해져 혈압의 변화도 있을 수 있다. 이것은 심장발작에 관여되어 심장병, 뇌졸중 등의 혈관성 질환 발생률이 높아지며 습도의 차이에 의해 피부질환이 생길 수도 있다. 또한 햇빛의 차이에 의해 뇌 속 멜라토닌이라는 신경전달물질의 분비차가 생겨 신체 리듬이 깨지는 계절성 우울증 등이 생길수도 있다. 보통 온도 1℃마다 수축기 혈압은 1.3mmHg, 이완기 혈압은 0.6mmHg 오르고 내릴 수 있으며 고령자일수록 기온차에 의한 혈압 변화가 심하게 나타난다. 그러므로 환절기에는 연령, 성별, 체력상태 등을 고려하여 세심한 준비 하에 달리기 운동을 해야 한다.

온도와 습도

여름같이 무더운 날씨에는 평소의 운동량보다 10~20% 정도 낮춰서 달리기를 해야 한다.

운동량뿐만 아니라 시간이나 운동강도에도 욕심을 버리고 달리기를 하는 것이 좋다. 외부 온도가 신체 온도보다 높으면 우리의 몸은 열을 방출해내기가 쉽지 않다. 피로감도 빨리 오게 되고 달리기를 오래 하지 못하게 된다. 온도가 높을수록 바람이 잘 통하고 땀을 잘 흡수할 수 있는 옷을 입어야 달리기 효과를 높일 수 있다. 하지만 겨울철과 같이 온도가 낮을 때는 땀이 잘 나진 않지만 땀을 흘리게 되면 체온이 떨어져 감기에 걸리기 쉬워지므로 여러 겹으로 가볍게 옷을 입고 덥다고 느끼면 하나씩 벗어서 체온을 조절하도록 해야 한다.

습도가 높을 때는 불쾌지수가 높아지고 달리기를 조금만 해도 땀을 흘리게 된다. 이때 체내에서 수분이 많이 빠져나가기 때문에 수분을 빨리 보충해줘야 한다. 갈증이 나서 물을 마시게 되면 이미 몸에선 수분이 많이 빠져나간 상태이므로 미리미리 수분을 보충해주도록 한다.

지형지물

고도

엘리트 선수들은 저압·저산소 트레이닝을 고지대에서 실시하면 심폐능력이 향상된다고

보고되었으나 2~3주 정도 후에는 다시 원상태로 돌아온다고 한다. 그리하여 엘리트 선수들은 마라톤과 같은 시합이 있기 전에 고지대 트레이닝을 실시하는 반면 일반인들은 마라톤 대회를 위하여 고지대에서 트레이닝을 실시하기란 쉬운 일은 아니다.

만약 고지대에서 달리기를 할 경우에는 저압·저산소 상태이기 때문에 평소와 같은 상태로 달리게 된다면 평소보다 금세 피로를 느끼게 될 것이고 어지럼증 등을 호소할 수 있으므로 고지대에서 달리기를 하게 될 경우는 평소 운동강도보다 가볍게 할 수 있도록 한다.

노면

달리기 도중 발생하는 부상 중 대부분의 원인이 잘못된 노면상태로 인한 것이 많다. 노면이 고르지 않고 울퉁불퉁하거나 갈라지거나 패인 아스팔트 위의 노면은 자칫 달리는 도중 다리에 상해를 입을 수가 있다. 표면이 부드러운 코스가 좋다. 콘크리트보다는 아스팔트, 아스팔트보다는 흙길, 흙길보다는 잔디길이 좋은 것처럼 노면의 적당한 쿠션감은 족저근막염의 발생도 줄일 수 있다.

기타

우리의 주변 환경을 둘러보면 달리기를 할 수 있는 곳은 참 많다. 달리기를 할 때 가장 집에서 가까운 곳을 찾아보고 달리기를 즐겨보자. 이왕이면 주변 경치라던가 시선이 한 곳에 고정되지 않을 만한 곳 주변 환경을 구경하면서 달리기를 할 수 있는 곳이라면 더욱 좋겠다. 하지만 차도를 달리는 사람들을 볼 수 있는데 이는 아주 위험한 행동으로 차도에서는 달리기를 삼가도록 한다.

Chapter 06

달리기의 과학적 접근

잘 달리기 위한 기본 원칙

자주 그리고 꾸준히

첫술에 배 부르려 하지 마라. 만약 훌륭한 러너가 되기를 원한다면, 규칙적으로 꾸준히 훈련해야 할 것이다. 정말로 필요한 것은 조금씩이라도 운동을 지속적으로 하는 것이다. 이것은 긴 휴식기를 두고 한 번에 많은 양을 하는 것보다도 장기적으로는 더 큰 효과가 있을 것이다.

서서히 그리고 부드럽게

우리가 운동을 처음 시작할 때 서서히 그리고 부드럽게 시작해야 하는 또 다른 이유는, 아무리 젊고 건강한 사람이라도 처음 접하는 훈련으로부터 누적되는 스트레스를 짧은 시간에 적응하기 쉽지 않기 때문이다. 걷기부터 시작하고 운동 초반과 중반까지는 서서히 조깅을 하여 달리는 것이 좋은 방법이다.

먼저 거리 늘리고, 속도는 다음에

만약 마라톤 경기에 참가하려고 한다면 달리기 속도에 집중하기보다 오랜 시간 먼 거리를 달리는 훈련에 집중해야 한다. 성공적인 훈련의 열쇠는 최소한 처음의 12주 또는 그 정도의 기간 동안은 달리는 속도나 거리보다는 달리는 데 소비되는 시간의 양이다. 그러므로 초기 목표는 각 과정을 일정 시간 동안 달리는 것으로 해야 한다.

단기 목표 설정과 실천 확실히

달리기를 위한 계획은 일일계획보다 주간 계획이 현명한 법이다. 그날 그날의 기온, 날씨, 자신의 컨디션을 알 수 없기 때문이다.

특히, 인체 내적(심각하지 않은 질병 또는 최근 운동으로부터 계속되는 피로를 나타내는 근육통) 또는 외적인(일과 가족에 관한 일, 수면 부족, 여행) 요인은 그날의 신체 운동 수행 능력을 감소시킨다. 근육에 통증과 손상을 수반하는 부적절한 훈련의 수행은 적절한 운동 수행을 할 수 없게 근육이 손상됨으로써 효과가 없을 뿐만 아니라 근육의 회복 또한 지연될 것이다.

휴식도 중요

현명한 러너가 되기 위해서는 충분히 몸이 회복될 수 있도록 휴식을 취해야 한다. 신체가 완전히 회복되지 않았을 때의 운동은 부상의 원인이 될 수 있다.

습관화하기

달리기와 같은 기초 종목에 시간과 에너지를 무제한으로 소비하는 것은 바람직하지 않다. 해야 할 일이 많은 생활 속에서 남은 시간에 달리기를 하는 것 이것이야말로 진정한 아마추어 러너들이 갖추어야 할 자세이다.

운동 강도는 점증적으로

초보자는 주로 천천히 오래달리기를 목표로 해야 한다. 이 목적은 과부하 없이 가능한 많은 거리를 달리고, 훈련 과정의 평균 속도와 거리를 서서히 증가시키기 위한 것이며, 심혈관계 기능 향상, 부상의 최소화 등의 효과를 제공한다.

과훈련은 금물

중요한 것은 부상이 없는 상태에서 훈련을 조절하는 것이다. 아무리 작은 과로의 조짐일지라도 문제를 가져다 줄 수 있다. 항상 건강함을 유지하려면 부단히 노력해야 한다. 심한 갈증을 느끼면 그것은 운동의 페이스나 그 거리가 자신에게 지나치다는 것을 나타내는 뚜렷한 조짐이다. 심지어 훈련 후 몇 시간까지 참을 수 없을 만큼의 갈증을 느끼거나 식욕이 완전히 사라질 것이다.

심상훈련도 함께 하면 효율적

건강한 신체를 위해 끊임없이 단련하듯이 정신을 건강하게 유지하라. 그러면 나머지는 알아서 잘 될 것이다. 만약 정신이 정상적으로 건강하지 않다면 결코 어떤 일도 제대로 할 수 없을 것이다.

훈련 방법도 과학

반복적인 방법

인터벌 트레이닝 방법의 요소는 거리, 시간, 반복횟수, 휴식시간이며, 인터벌 트레이닝 방법은 달리기의 생리학적 측면인 호흡계, 순환계, 근육계, 속도조절 등의 발전에 도움을 준다.

❶ 인터벌 트레이닝은 유산소적 지구력을 증가시킨다.

거리 : 100~400m

시간 : 100m 약 15초

200m 약 30초

400m 약 65초

회복기간 : 100m 인터벌 약 40초

200m 인터벌 약 60~90초

(활동성 회복으로 조깅으로 출발지점까지 돌아간다.)

400m 인터벌 약 2분

초보자는 보다 적은 반복횟수에서 시작하여 서서히 회복간격을 향상시켜 점차 일정 시간에 의한 반복횟수를 증가시키고 휴식간격을 감소시킨다. 운동 후 분당 심박수가 180회를 넘지 않도록 하고, 다음 인터벌은 분당 심박수가 120~140회일 때 출발하도록 하는 것이 좋다.

❷ 스피드와 지구력 트레이닝은 산소결핍을 이겨내는 인내력을 증가시켜준다.

거리 : 150~500m로 비교적 짧게

시간 : 러너의 운동능력에 따라 최대 운동능력의 90% 이상

반복횟수 : 같은 거리 이상으로 다양하게 4~8회

회복기간 : 불완전 휴식으로 생성된 산소부채(운동 중 산소가 부족하게 되는 현상)를

회복시키는 5~6분 정도

❸ 속도조절(Tempo) 트레이닝 2가지

첫째, 속도지구력을 직접 유산소지구력 쪽으로 전환시키는 트레이닝이다.

거리 : 달리고자 하는 거리보다 길게 정한다.

시간 : 최고 기록의 75% 정도로 느리게 한다.

반복횟수 : 4~8회

회복기간 : 3~6분. 스피드 지구력과 비슷하나 강도가 약하고 효과도 전혀 다르다.

둘째, 페이스 트레이닝으로 유산소지구력을 향상 시키면서 기본적인 활동이 달리기 리듬에 관계하는 트레이닝이다.

거리 : 목표 거리의 1/3이나 1/2 혹은 2/3 정도로 짧게 정한다.

시간 : 달리는 거리에 따라 정하되, 자신의 기록보다는 짧게 한다.

반복횟수 : 3~6회

회복기간 : 8~12분. 회복기간이 길어서 일반적으로 많이 이용하는 트레이닝이다.

자연적인 방법

운동장 밖에서 자연스럽게 할 수 있는 것으로 기본적인 기술을 견고히 하기에는 미흡하고 능력 평가도 힘들지만, 반복적인 방법보다 직관적인 면에서 좋은 훈련법이다.

❶ 계속 달리기

달리기를 하는 동안 에너지 소비와 산소섭취의 균형에 맞춰 거리와 스피드를 증가시킨다. 갑작스러운 스피드 변화가 없이 중간 페이스로 달리므로 분당 심박수가 150회를 넘지 않게 된다.

❷ 파틀렉

파틀렉(fartlek)은 스피드와 거리의 변화에 의한 달리기로 스웨덴에서 유래되었으며, 다음과 같은 2가지 방법이 있다.

- 홀머 파틀렉(Holmer fartlek)

  1시간 훈련의 경우 3.2km 정도는 1.6km당 7~8분의 속도로 14~16분 달린 다음 최고 속도로 100~200m 달린 후 조깅으로 회복한다.

- 리디아드 파틀렉(Lydiard fartlek)

  1시간 훈련의 경우 3.2km 정도는 1.6km당 7~8분의 속도로 14~16분간 달린 다음, 4.8km를 16분 30초 정도에 달린 후, 1.6km를 6분 30초 정도에 달리며, 3.2km를 12분 정도에 달린 다음 3.2km를 16분 정도 달린 후 정리운동을 한다.

③ 언덕 달리기

기본목표는 근력향상이지만 실행방법에 따라 효과는 다음과 같이 다양하다.

- 초기에는 50m 내외의 거리를 3~5회 실시함으로써 힘과 스피드를 향상시킬 수 있다.
- 60~80m를 불규칙적인 속도로 반복함으로써 스피드와 유산소지구력을 증진시킬 수 있다.
- 100~150m를 낮은 경사도에서 중간정도의 속도로 훈련함으로써 신체조직의 전체 지구력을 증진시킬 수 있다.
- 400~800m의 언덕을 이용하여 오르고 내리는 달리기 방법으로 언덕 순회 달리기(Hill circuit running)라 하는데, 역시 신체조직 전체의 지구력을 향상시켜준다.

스피드

단거리 달리기는 말할 나위도 없고 중·장거리 달리기까지도 스피드는 매우 필요하고 중요하다. 스피드 트레이닝에는 다음의 3가지 기본형태가 있다.

① 풀 스피드

20~60m의 거리를 최대 스피드로 10~15회 달린다. 거리를 조절하여 다양하게 실시하며, 신경 및 근육의 회복이 충분하도록 3~6분 정도의 휴식을 가진다.

❷ 페이스 변화

이 방법은 달리는 동안 자신의 조정력, 유연성, 가속도를 향상시키기 위한 것이다. 점점 스피드를 줄여 달리는 감속달리기와 최고 스피드에 달한 가속화는 달리기와 휴식기간으로 정할 수 있다. 거리는 80~150m로 매우 다양하며, 회복시간은 보통 10분 정도로 한다.

❸ 고무줄 트레이닝

늘어난 고무줄(Rubber-band)이 원상태로 되돌아가려는 복원력을 이용하여 스피드와 다리 근력을 향상시키는 트레이닝 방법으로 스피드와 다리 근력을 향상시키고 가속도와 반응속도를 향상시킨다.

실시요령은 다음과 같다. 초보자들에게는 탄성계수 10N/m, 길이 30~40m의 고무벨트(Rubber-belt)를 허리에 매고 다른 쪽 끝을 고정한 후 실시한다. 실시자가 훈련에 익숙해질 때까지는 부하와 강도를 낮춘다. 트레이닝의 숙달 정도에 따라 탄성계수 5~10N/m, 길이 30~40m의 고무줄을 사용하며 준비기와 단련기 때 1주에 2~3회 실시한다.

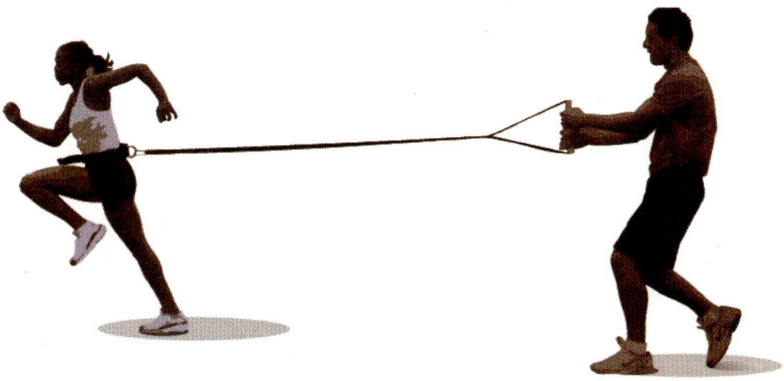

또는 고무자켓(Rubber jacket)을 이용하여 탄성계수 3~5N/m의 고무줄로 실시한다.

주의사항은 트레이닝 전후로 충분한 준비운동과 정리운동을 하고, 보조자와 협의 후 고무줄의 탄성과 길이를 결정하며 잔디, 모래밭 또는 얕은 수중에서 실시하여 상해를 예방하는 것이다. 특히 초보자는 고무줄이 늘어날 수 있는 최대의 80% 내에서 실시한다.

일반적인 체력 향상법

달리기를 위한 체력 향상에서 지속적인 운동설계에 의한 기초체력 향상은 매우 중요하다. 근력과 파워는 웨이트 트레이닝으로 향상되며, 순발력과 민첩성과 유연성은 체조와 다양한 뛰기 형태로 향상시키고, 서키트 트레이닝은 지구력을 비롯한 여러 면에 좋으며, 신체의 종합적인 면과 스피드를 향상시키기 위해서는 종합 트레이닝이 적합하다.

종합적인 행동체력 향상은 그 요소 자체의 특성을 많이 지니고 있으며, 다양한 훈련방법으로 이루어진다.

❶ 웨이트 트레이닝

웨이트 트레이닝(Weight training)에는 바벨, 덤벨, 웨이트 자켓, 웨이트 슈즈 등이 이용된다. 일정한 중량을 이용하기 전에 기초체력 및 근력 테스트를 실시하여 개인에게 맞는 중량을 선택하며, 초보자는 기본체력이 형성될 때까지는 가능한 한 중량을 이용하지 않는다.

❷ 서키트 트레이닝

서키트 트레이닝(Circuit training)은 연속적인 운동으로 구성되며, 특수한 중간 휴식을 갖는 순환형태의 계속적인 방법으로 실시한다.

각 운동은 20번 이상 반복하고, 5~10개 종목을 순환하는 세트를 1~2번 반복한다.

서키트 트레이닝은 근육 및 신경계와 유·무산소지구력 향상에 효과적이며, 일반적으로 10개 종목을 선택하여 한 운동에서 다음 운동으로 갈 때 적당한 휴식을 취한다.

표 4-1 서키트 트레이닝 종목

표준종목(9종목)	짧은 서키트(6종목)	긴 서키트(12종목)
의자 오르내리기	의자 오르내리기	의자 오르내리기
스쿼드 트러스트	점프 앤드 히이브	스쿼드 트러스트
점프 앤드 히이브	트렁크 커얼	치잉 더 바아
트렁크 커얼	바벨 스윙	트렁크 커얼
덤벨 점프	점프 앤드 프레스	덤벨다이징 사이드웨어
바벨 커얼	로프 스윙	스쿼드 점프
덤벨 스쿼드		바벨 커얼
점프 앤드 프레스		리스트 롤링
로프 스윙		덤벨 스쿼드
		바벨 프레스
		로프 스윙
		로프 래더 크라이밍

③ 등척성 트레이닝

등척성 트레이닝(Isometric training)은 4~8초 동안 근육의 길이에 변화 없이 최대로 저항 운동을 하는 정적운동으로, 보통 관절각도가 다른 상태에서 3회 연속 반복하며, 3회 연속 반복한 후 2~3분간 휴식하는 것을 5~10회 반복한다.

이 운동은 근력을 크게 향상시키며 짧은 시간에 가능하므로 간단하지만, 동적 운동이 결여되어 있어 심장과 허파의 작용이 거의 없다는 것이 단점이다.

④ 등장성 트레이닝

등장성 트레이닝(Isotonic training)은 일정의 중량물을 움직이는 것이므로 근육에 주는 부하는 일정하다. 그러나 등척성 트레이닝과 같이 등장성 트레이닝도 관절 각도에 따라 발휘되는 능력이 다르기 때문에 부하가 일정하여도 관절 각도에 따라서 근육에 주는 부하는 실제의 경우 일정하지 않다.

❺ 등속성 트레이닝

등속성 트레이닝(Isokinetic training)은 등속성 근수축(Isokinetic contraction)의 움직임으로 운동하는 것이다.

등속성 근수축에 의한 운동은 실제의 스포츠 장면에서 잘 나타난다. 특히 높은 수준에서의 근력 발휘에 따른 동작에서 나타나는데, 가장 좋은 예가 수영에서 팔의 스트로크(Stroke)이다.

❻ 체조운동

체조운동은 직접적으로는 근력을 향상시키고 간접적으로는 신체조직을 강화시킨다. 일반적인 운동이든 특수운동이든 특수한 기구 없이 가벼운 부하로 실시할 수 있고, 장소에 구애받지 않으며, 다양한 자세로 지구력, 순발력, 민첩성, 유연성 등을 증진시킬 수 있으므로 일반적인 준비운동으로 많이 사용된다. 체조운동의 가장 대표적인 것은 스트레칭 체조이다.

마라톤도 최첨단 과학

최근까지 보고된 마라톤 경기력에 관한 스포츠 과학적 연구결과를 종합해 보면, 마라톤 기록은 환경적 요인, 체력, 체격, 기술, 정신력에 의해 결정된다.

여러 가지 환경적 특성은 러너들의 생리적 기능을 효율적으로 발휘 하는데 중요한 영향을 미친다. 환경적 요인 중 기온(추위와 더위)은 가장 중요한 부분을 차지한다.

추운 환경에 우리 몸이 노출되었을 때 체온을 잃지 않으려는 반응이 인체 내에서 활발하게 일어난다. 즉 말초혈관이 수축하여 혈관에 의한 열의 운반이 저하되고 체표면을 축소하여 방열을 최대한 억제하며, 전율에 의한 열생성을 촉진한다(Costill, 1986). 체온이 35℃ 이하로 떨어지면 정신적 기능이 손상되고 33℃ 이하로 떨어지면 사지의 근육이 뻣뻣하게 되어 움직일 수 없으며, 체온이 더욱 감소하면 사망에 이르게 된다(이종각, 1992).

또한, 고온 환경에서 운동한다는 것도 매우 힘든 일이다. 고온 환경에서 운동 시 가장 먼

저 나타나는 현상은 몸에서 열이 생기고 갈증이 유발된다. 특히 갈증은 우리 몸에서 수분이 빠져나가는 탈수 상태에서 비롯되는 것으로 이러한 현상이 지속되면 위험한 상황을 초래할 수도 있다(김영수, 2001).

인체의 체온 유지기능은 일반적으로 안정 시 36~38℃의 체온을 유지하며, 격렬한 운동 시 일시적인 열 축적 증가로 40℃ 전후의 고체온을 나타내기도 하지만 대개의 경우 뛰어난 조절기능에 의해서 정상 범위 내로 체온이 유지된다(김원중, 2001).

마라톤 선수는 경기를 수행하는 동안 산소공급량, 체내수분과 에너지원의 부족, 근육과 신경자극 과정에서 점차 축적되는 피로, 상대선수와의 경쟁에 의한 불안과 정신적 고통을 극복해야 한다. 더위는 체온을 상승시켜 이러한 어려움을 더욱 어렵게 만든다. 습도가 높을 경우에는 대기 중에 수증기가 많이 함유되어 그 포화정도가 높아지면서 피부표면과 대기 사이의 수증기압 차이가 현저히 감소하여 땀의 증발을 어렵게 함으로써 경기 시 증가하는 체온의 효과적인 조절을 어렵게 하여 효율적인 근육 수축을 더욱 힘들게 한다. 따라서 마라톤 경기는 11~14℃의 범위가 가장 적절한 기온으로 간주되며, 더위와 습도를 함께 고려한 온도지수(WBGT; Wet Bulb Globe Temperature)가 28℃ 이상일 경우 원칙적으로 경기 진행을 금지하는 것은 그만큼 고온과 다습의 위험성을 나타내준다.

마라톤은 스피드, 페이스, 전신지구력이 요구되는 운동으로 규정하는데(전중기, 1987), 2시간 20분대의 마라톤 경기에 요구되는 에너지 소비량은 일반 성인 남자가 하루 동안에 필요로 하는 에너지양과 비슷한 수준인 약 2,600kcal로서, 마라톤 경기는 극단적인 체력 소모를 수반한다.

마라톤은 육상의 기타 종목에 비해 평균 주행속도가 느리므로 단위 시간당 에너지소비량은 단·중거리 종목의 약 1/5~1/2 수준에 지나지 않으나, 경기 중 누적된 에너지소비 총량은 단·중거리 종목의 약 15~20배에 이를 정도로 막대하다.

표 4-2 육상 트랙 경기와 마라톤 경기의 평균 속도와 에너지소비량

거리(m)	평균속도(m/s)	에너지소비량(kcal)		요구되는 산소섭취량(%)	요구에 대한 산소부족량(%)
		총량	100m당		
100	8.7~9.8	35	35	6~13	94~87
200	8.4~9.9	70	35	–	–
400	7.6~8.7	100	25	34~43	66~57
1,500	5.8~6.8	170	11.3	60~65	40~35
5,000	5.2~6.0	450	7.8~9.5	88~90	12~10
10,000	5.0~5.8	750	–	–	–
마라톤	3.7~4.9	2500	6.5	94~96	6~4

마라톤 경기의 기술적 요인은 운동역학적 이론을 기초로 한 상체 기울기, 팔 흔들기, 스트라이드(Stride; 보폭)와 피치, 페이스 조절과 같은 요소들로서 러닝 동작과 주행의 효율성에 따른 체력 소모와 밀접한 관계가 있다(원종세, 1999).

마라톤 경기는 높은 수준의 체력뿐만 아니라 강인한 정신력을 필요로 하는데, 우수한 마라톤 선수들은 공통적으로 ① 의욕적인 연습태도 ② 자신의 능력과 가능성에 대한 인지력 ③ 불굴의 인내력을 갖추고 있다(원종세, 1999; 최윤칠, 1983).

위에서 언급한 바와 같이 마라톤은 환경적, 체력적, 체격적, 기술적, 정신적 요소가 조화롭게 균형을 이루어야 하며 이러한 요소들이 균형을 이루었을 때 효율적이고 안전한 마라톤을 즐길 수 있다.

Chapter 07

달리기를 응용한 다양한 효과

런닝머신, 스텝퍼, 바이시클 등 여러 가지 기구를 이용해 운동하면 보다 다양한 달리기 효과를 경험할 수 있다.

보조기구 이용

기구를 이용해 운동 효율성을 높여 보자

모든 운동은 습관처럼 꾸준히 실시해야만 운동 효과도 높고 즐거움도 커진다. 귀찮고 몸이 안 좋다는 이유로, 날씨가 좋지 않다는 이유로 달리기를 하기 싫을 때가 있을 것이다. 이런 상황들을 대비하여 스케줄을 바꿔가며 운동을 할 필요가 있다.

궂은 날씨에는 가까운 실내 체육관이나 헬스클럽을 이용하는 것도 좋다. 실내에서 런닝머신을 이용하여 걷거나 달리고 자전거나 스텝퍼를 이용하는 것도 좋은 운동효과를 얻을 수 있다. 요즘은 아파트 단지 내 공원이나 약수터 등에 여러 가지 운동기구들이 설치되어 있어 쉽게 이용할 수 있다. 반약 날리기가 지루하다면 이러한 운농기구를 이용해도 좋을 것이다. 단 운동기구의 사용법과 주의 사항을 충분히 숙지한 뒤 이용해야 부상의 위험을 방지할 수 있다.

다이어트 효과가 뛰어난 런닝머신

헬스클럽에 가장 많이 있고 많은 사람들이 이용하는 운동기구가 런닝머신이다. 런닝머신은 천천히 걷기부터 빠르게 걷기, 달리기, 빠르게 달리기까지 자신의 체력수준에 맞춰 속도와 경사도를 조절하며 달릴 수 있어 달리기가 끝난 후 거리와 시간을 확인할 수 있을 뿐 아니라 오르막길에서 달리는 운동 효과를 맛볼 수 있다.

하지만 운동을 하기 좋은 실내 운동이라 할지라도 반드시 발목과 하체를 풀어 주는 체조와 스트레칭을 한 뒤 런닝머신을 이용해야 한다. 또한, 일정한 속도로 달리다가 갑자기 정지하면 어지럼증이 생길 수 있으므로 달리기를 마칠 때에는 속도를 줄여 가볍게 걸으며 자연스럽게 심박수를 낮춰주고 호흡을 가다듬고 정리 운동을 한다.

❶ 운동효과

달리기는 가장 경제적이며 언제 어디서나 마음만 먹으면 바로 실행할 수 있고 상해에 대한 부담이 적으며 심폐지구력을 향상시킬 수 있는 운동 중 하나이다.

달리기를 30분 정도 지속하고 있으면 베타엔돌핀 농도가 짙어져 스트레스가 해소되며 기분이 좋아지는 것을 느끼게 된다. 또한 혈액순환이 원활해지고 신진대사가 활발해져 면역력도 높여준다.

런닝머신은 전신운동이므로 다른 운동기구보다 40% 이상의 에너지를 더 소비하여 다이어트에 효과적이다. 처음 런닝머신에 접하면 속도를 높여서 달리는 경우가 있는데 5~7km 정도의 속도에서부터 천천히 속도를 높여가며 달리기를 실시한다. 처음부터 의욕적으로 높은 강도로 달리게 되면 부상의 위험이 있기 때문이다. 대사증후군이나 만성질환자들은 강도 높은 달리기를 삼가해야 하고 평지에서 낮은 강도로 가볍게 달리거나 걷는 게 바람직하다.

❷ 뒤로 달릴 때의 운동 효과

뒤로 달리기는 대퇴 이두근이 사용되면서 앞으로 달릴 때와는 다른 근육을 사용하여 뒤로 달리는 것이 평균 20% 정도 칼로리를 더 소모하게 된다. 뒤로 달리는 것은 앞으로 달릴 때보다 신경을 더 집중시키게 하여 칼로리 소모가 많아지지만 뒤로 달리기가 앞으로 달리기처럼 익숙해지면 효과는 앞으로 달리기와 비슷해진다고 하니 앞으로 달리기와 뒤로 달리기를 적절히 번갈아가면서 해주는 것이 좋다.

하지만 뒤로 달릴 때 앞을 볼 수가 없어 목에 무리가 올 수 있으며 시야가 확보되지 않아서 위험을 초래할 수 있다. 시야가 확보되었다고 하더라도 너무 빠르게 달리지 않도록 주의하며 골다공증이 있는 사람들은 골절의 위험이 있기 때문에 뒤로 달리기는 하지 않도록 한다.

하체 지방 연소에 좋은 바이시클

실내에서 할 수 있는 또 하나의 운동이 바이시클이다. 날씨에 구애받지 않고 실내에서 할 수 있어 최고의 운동 중 하나이다. 바이시클은 전신에 부담을 주기보다는 하체만을 사용하기 때문에 하체를 튼튼하고 날씬하게 만들어주면서 지방을 집중적으로 태워 없애준다. 바이시클은 비만인들에게 적당한 운동으로 관절염 환자, 요통 환자, 골다공증 환자들에게도 좋다.

운동효과

바이시클은 안장에 앉은 상태로 페달을 밟으며 운동을 하여 하체만을 사용하고 관절에 부담을 주지 않는다. 일반적으로 달리기를 하면 자기 체중의 3~5배 정도 부하가 관절에 전달되기 때문에 비만인들은 연골이 손상되어 관절염을 발생할 수 있으므로 비만인들은 이 바이시클을 사용하는 것이 좋다. 런닝머신과 마찬가지로 하체 근력강화와 심폐지구력도 길러주며 관절염 환자나 골다공증 환자에게 좋은 운동이다. 바이시클을 타는 동안 허리를 구부려 구부정하게 타지 않도록 하고 안장의 높이가 맞지 않아 무릎이 너무 올라온다거나 너무 높이 앉아 발이 안 닿는다거나 하지 않도록 주의하며 일정한 속도로 페달을 밟는다.

무릎 관절을 강화시키는 스텝퍼

계단오르기와 같은 효과를 내주는 스텝퍼는 자신의 체중이나 체력수준에 따라 스텝을 밟는 강도, 속도와 시간을 조절하고, 무릎이 약하거나 종아리나 하체가 굵어지는 게 싫은 사람에게 적합한 운동이다.

운동효과

전신을 사용하기보다는 하체를 주로 사용하는 스텝퍼는 땀이 송글송글 맺히는 정도로만 해주어야 심폐기능과 지구력을 증가시킬 수 있다. 스텝퍼도 바이시클과 마찬가지로 구부정한 자세보다는 허리를 곧게 편 상태에서 발바닥 전체를 힘 있게 밀어내며 스텝을 밟는다. 발바닥이 떨어져 있으면 무릎과 같은 관절에 무리가 가고 발바닥 전체로 밟아야 허벅지나 종아리로 힘이 전달되어 오랫동안 운동을 할 수 있다.

적극적인 달리기

방법을 바꾸면 달리기가 좋아진다.

달리기를 금방 포기하게 되는 이유는 지루함이 많은 부분을 차지한다. 이렇게 지루함을 느끼게 되면 방법을 달리하여 지루함을 극복하고 운동의 즐거움을 잃지 않도록 해야 한다. 최근 많이 생겨나는 마라톤 대회에 참가하는 것도 좋은 방법이다. 일반적으로 집 근처의 학교나 공원을 달리는 것이 대부분이지만 달리기 열풍이 일어나면서 각종 대회가 지역별, 테마별로 개최되고 있으므로 대회에 참가하는 것도 좋은 방법이고 시간적 여유가 생겼다면 가까운 산이나 다른 지역의 공원을 달리는 것도 좋은 방법이다.

달리기 대회 참가하기

최근 달리기 인구가 늘어나면서 동호회뿐만 아니라 달리기 대회도 많이 개최되고 있다. 참가자들은 10~50km 정도를 달리면서 자신의 체력향상 뿐만 아니라 자신의 한계를 극복해 더 좋은 기록으로 달리고자 많은 노력을 하고 있다. 하지만 처음부터 욕심을 내 먼 거리를 달리게 되면 실패할 확률이 높아지고 달리기에 대한 흥미가 떨어질 수 있으니 차근차근 연습해서 대회에 참가하도록 한다. 달리기에 어느 정도 자신이 붙고 체력이 향상되었다면 대회에 참가하여 자신의 한계를 극복하고 완주하여 소중한 추억과 경험을 남겨보는 것도 좋다.

대회에 참가하기 위해서는 최소 3개월이나 6개월 전부터 지구력 훈련을 해야 한다. 단지 의욕만으로 대회에 참가하였다가 탈진 현상이 와서 포기하거나 쓰러지는 사람이 적지 않기 때문이다.

대회에 참가하면 의욕이 앞서 자신의 페이스를 잃게 되는 경우가 있다. 무리하게 속도를 내면 체내에 글리코겐이 금방 소모되어 경기를 끝까지 소화하지 못하는 경우가 생길 수 있으므로 자신의 페이스를 끝까지 유지할 수 있도록 하며 달리는 동안 자세가 흐트러지면 그만큼 체력도 소비되기 때문에 올바른 자세로 달리는 것이 중요하다.

크로스컨트리

크로스컨트리는 일반적인 유산소운동 중 하나이나 경사도가 있고 하체뿐만 아니라 전신운동으로 심폐능력을 향상시키는 운동이다. 크로스컨트리에서는 일반적으로 런닝머신이나 달리기와 다르게 정상에 올랐다는 기쁨과 뿌듯함까지도 함께 얻고 숲 속에서 맑은 공기를

마시며 마음의 여유까지 챙길 수 있다.

크로스컨트리도 마찬가지로 처음부터 의욕이 너무 앞서면 완주하기 어려우므로 성급히 달리지 말고 경사가 높아질수록 보폭은 좁게 속도는 천천히 하여 일정한 속도를 유지하도록 한다. 크로스컨트리를 할 때는 혼자 하는 것보다 여럿이 함께 오르는 것도 좋다. 상대적으로 체력이 약한 사람을 가운데 두고 앞에는 길을 잘 아는 사람이 이끌어 주도록 한다. 산을 달릴 때는 바닥이 매끄럽지 않고 울퉁불퉁하므로 특히 발목을 조심하여 오른다. 너무 바닥을 보고 달리면 나뭇가지에 의해 상처를 입을 수 있기 때문에 진행 방향도 잘 주시하도록 한다. 일기예보를 확인하고 눈이나 비가 왔을 때에는 각별히 주의하여 달린다.

산에서 내려올 때 경사가 급할수록 속도를 늦추고 보폭을 줄여 무릎이나 발목관절에 무리가 가지 않도록 하고 미끄러져 발목을 다칠 수 있으니 조심스럽게 내려온다. 혹시 모를 사고를 대비하여 휴대전화나 자신의 위치를 알릴 수 있도록 호각을 준비하고 부상을 당했을 때는 즉각 응급처치를 실시하여 부상의 악화를 예방하도록 한다.

지루함 극복

자기만의 극복법을 찾아라.

달리기는 일상생활에 습관처럼 몸에 배어있어야 한다. '오늘은 달리기를 꼭 해야지' 이런 마음을 먹지 않아도 자연스럽게 달리기를 할 수 있어야 한다. 이런 달리기는 최소 3개월을 해야 효과를 볼 수 있는데 보통 3개월 이전에 지루함을 극복하지 못하고 포기하는 경우가 많다. 달리기는 언제 어디서든 할 수 있기 때문에 더 미루게 되고 중단하게 된다. 달리기를 지루하지 않도록 하는 방법을 찾아보도록 한다.

1 함께 달릴 사람을 만든다.

무슨 운동을 하든지 혼자 하면 재미도 흥미도 없고 지루해져 포기하게 된다. 그런 경우를 대비하여 가족이나 친구, 연인 등 같은 목표를 가진 운동 친구를 만든다. 혼자가 아닌 여럿이 함께 달리면 지루하지도 않고 함께 한다는 즐거움도 느끼게 될 것이다.

❷ 다양한 코스를 개발한다.

매일 같은 코스를 달리게 되면 긴장감도 덜해지고 시야에 들어오는 풍경도 익숙해져 지루해지기 마련이다. 정신적으로 신선함을 유지할 수 있도록 새로운 환경에서 운동할 수 있는 색다른 코스를 찾아보자. 시각의 즐거움을 느낀다면 지루함과 피로감이 덜할 것이다.

❸ 운동 제품에 투자한다.

달리기에 제일 중요한 운동 제품은 신발이다. 발이 편해야 달리기 효과를 높여주고 다치지 않도록 보호해준다. 달리는데 발이 불편하다면 누구라도 달리기 싫어질 것이다. 달리기를 하면 체중이 발에 실려 피로가 많이 오게 되므로 피로를 줄여줄 수 있는 러닝화가 중요하다. 또한 달리기를 하다 보면 땀이 나게 되는데 땀을 잘 흡수할 수 있는 운동복이나 모자도 중요하다. 심박수 측정기를 구입해서 쓴다면 운동량을 눈으로 체크할 수 있어 더욱 동기부여가 될 수 있을 것이다.

❹ 운동 일지를 작성한다.

자신의 운동 일지를 작성한다면 자신이 어떻게 달리기를 했는지 확인할 수 있고 성실히 운동을 해왔다면 그 성취감 또한 동기부여에 도움이 될 것이다. 달리기를 열심히 한 날을 일주일, 한 달 단위로 체크하여 성취감을 느끼면서 지루함을 극복해 보자.

❺ 음악을 들으면서 달린다.

주변 환경이 잘 꾸며져 있다면 달릴 때 덜 지루할 수 있겠지만 조용하고 다소 적막한 지역을 달릴 때는 지루해질 수 있다. 평소에 자신이 좋아하는 음악을 들으면서 달리는 것도 좋은 방법이다. 한 연구결과에 의하면 빠른 비트의 음악을 들으며 달리는 것이 보다 효과적이라 한다. 좋아하는 음악을 듣게 되면 기분도 좋아지고 발걸음이 경쾌해질 것이다.

단 음악을 너무 크게 틀어 외부 소리를 감지할 수 없다면 혹시 모를 사고에 대비할 수 없으므로 한쪽 귀에만 이어폰을 꽂거나 볼륨을 낮추어 작게 듣도록 한다. 평소 좋아하는 음악도 달리기의 지루함을 극복할 수 있지만 속도, 템포와 궁합이 맞는 음악을 들으면서 달린다면 좀 더 효과적인 달리기 운동을 할 수 있다.

⑥ 영상화면을 보면서 달린다.

궂은 날씨에 밖에서 달리기가 힘든 상황이라면 가까운 헬스클럽에서 런닝머신을 이용해 달리기를 하게 된다. 제한된 공간에서의 달리기라 한곳만 바라보고 달리면 금세 지루해질 수 있다. 본인이 즐겨 보던 영상을 보면서 달린다면 지루함이나 피로감이 덜 할 것이다. 너무 프로그램에 빠져들면 런닝머신 속도를 맞추지 못해 떨어져 다칠 위험이 있으니 이 점을 유의해야 한다.

PART 5
달리기는 질병에 보약이 될 수 있다

질병은 느낄 수 있지만 건강은 전혀 느껴지지 않는 것 - 토머스폴리 -

달리기는 신체적·심리적인 효과뿐만 아니라 그 어떤 운동보다도 경제적 효과도 크다. 언제 어디서나 남녀노소 할 수 있고 다른 운동에 비해 필요장비도 적다.

달리기는 질병에 보약이 될 수 있다.

단순히 앓고 있는 질병이 없거나 병원 신세를 지지 않는다는 것은 삶의 질 향상에 극히 일부분에 불과할 것이다. 나이가 들면서 자연스럽게 찾아드는 퇴행성 질환과 성인병은 막기 힘들다. 대표적인 성인병으로 고혈압, 당뇨, 관절염, 심혈관계 질환, 골다공증, 근력감퇴 등이 있다. 이는 나이가 들어감에 따라 발병률이 현저히 증가하는 추세이지만, 운동으로 이러한 성인병 발병률을 감소시킨다는 것 또한 널리 알려진 사실이다.

뿐만 아니라 운동은 우울증과 불안감 해소, 자아 존중감 향상 등의 심리적 효과도 크다는 결과들이 많이 보고되고 있다.

달리기는 신체적·심리적인 효과뿐만 아니라 그 어떤 운동보다도 경제적 효과도 크다. 언제 어디서나 남녀노소 할 수 있고 다른 운동에 비해 필요장비도 적다. 한 연구에 따르면 신체 활동을 함으로써 얻는 신체적 건강효과에 대한 금전적 가치는 월평균 30만원 이상, 정신적 건강효과에 대한 금전적 가치는 월평균 40만원 이상이라고 한다.

성인병이 찾아온 후에 운동하는 것은 소 잃고 외양간 고치기, 사후 약방문일 수도 있다. 하지만 늦었다고 생각 할때가 제일 빠르다란 말도 있지 않은가?

진정한 삶의 질 향상을 누리고 싶다면, 자신의 질환에 맞는 운동 프로그램을 찾아 오늘부터라도 실천해 보자. 이제부터 소개되는 질환별 운동프로그램들이 질병에 대한 이해를 도울 뿐 아니라 극복할 수 있게 도와줄 것이다.

Tip

이제 달리기를 시작하겠다고 결심하셨다고요?

▶ **다음 사항을 체크해 보세요!**

① 심장질환이나 순환기 계통의 질병이 있거나 그런 병력이 있습니까?
② 골절상, 허리디스크 등 외과적인 문제가 있지는 않습니까?
③ 지나친 과체중은 아닙니까?
④ 고혈압, 당뇨, 결핵 등 과격한 운동으로 인해 병세가 악화될 질환을 앓고 있지는 않습니까?
⑤ 운동 중 머리가 멍해지는 느낌을 느낀 적은 없습니까?
(심장박동이 조금 빨라지면 고혈압 증상을 보이지는 않습니까?)
⑥ 지금까지 운동을 전혀 하지 않은 상태로 50세 이상 된 분입니까?

만약 위 질문에 한 가지라도 해당이 된다면 전문의와 상담한 후 달리기를 시작하기 바란다(선주성, 2001).

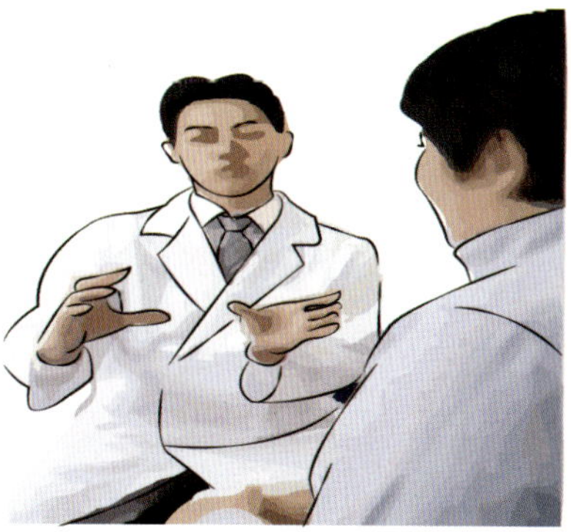

의사와 상담하는 모습

운동부하 검사

Chapter 01

조용한 살인자 '고혈압'

별다른 자각 증상이 없어 조용한 살인자(Silent killer)라고 알려진 고혈압은 병원을 찾는 이유 중에서 가장 흔한 질환으로 혈압을 측정해보지 않고서는 자신이 고혈압인지 모르는 경우가 많다.

고혈압은 혈관 내의 압력이 높아질수록, 심박출량이 증가할수록, 혈관의 직경과 탄성이 적을수록, 혈관 저항이 클수록 혈압을 상승시킨다. 이로 인하여 신체의 여러 장기들에 심각한 손상을 가져오게 되고 협심증, 심근경색증, 심장비대, 심부전증, 동맥경화증, 뇌졸중, 만성신부전증 등 치명적인 합병증을 야기시킨다.

고혈압은 90~95% 정도가 특별한 원인 및 질환 없이 유전적 요인과 환경적 요인의 복합 작용으로 발생하며 이를 본태성고혈압(Essential hypertension)이라고 한다. 이는 가족력을 가지고 있는 경우가 많으며 좌식생활과 과식으로 인하여 비만하거나 음식을 짜게 먹고, 술을 자주 마시며 정신적으로 스트레스를 많이 받는 긴장된 생활을 하는 경우 쉽게 고혈압으로 발전될 수 있다. 나머지 5~10%는 특별한 원인 및 질환에 의해서 갑자기 생기는 경우이고 이를 이차성고혈압(Secondary hypertension)이라고 한다. 흔히 만성신질환, 신동맥협착증, 수면무호흡증, 부갑상선 기능항진증 등이 원인으로 작용한다.

성인의 정상 혈압은 120/80mmHg이고 고혈압 환자의 혈압기준은 140/90mmHg 이다. 그러나 점차 고혈압과 관련된 질환의 발병률이 높아지면서 지금까지 정상으로 분류하였던

120/80~139/89mmHg의 혈압을 고혈압전단계(Prehypertension), 경계성고혈압으로 분류하여 고혈압의 예방 및 치료접근 방법에 대한 경각심을 높이고 있다. 그러므로 고혈압을 예방하고 치료하기 위해서는 자신의 건강상태와 체력수준에 알맞은 운동을 규칙적으로 하는 것이 무엇보다 중요하다. 또한 염분 및 알코올 섭취를 제한하고 과중한 업무로 스트레스를 많이 받을 때는 휴식을 취해서 정신적 안정을 유지하며 운동을 통하여 비만이 되지 않도록 개인에게 맞는 운동처방과 함께 궁극적으로 혈압을 낮추는 것이 중요하다.

달리기 운동의 효과

고혈압이 있는 사람들은 운동을 하려 하지만 자신의 병적인 상태가 더욱 악화될 것을 우려해 적극적으로 운동을 하지 못하거나 잘못된 운동방법으로 운동을 하는 경우가 많다. 그러므로 혈압을 낮추기 위해서 무조건 운동하기보다는 자신의 건강상태와 체력수준에 알맞은 운동 강도와 운동량을 먼저 선택하는 것이 중요하다.

운동은 가벼운 운동으로부터 시작하여 개인의 차이를 고려해 점차 운동량을 늘리는 것이 효과적이므로 걷는 것부터 시작해서 점차적으로 속도를 내어 달리기를 하는 것이 좋다. 운동을 연속적으로 실시하는 운동방법이 당연히 효과적이지만 최근에는 운동 시간을 여러 번 나누어 실시하는 분할적인 운동방법도 혈압을 낮추는데 효과가 있다고 한다. 고혈압 환자의 운동방법으로 처음에는 10~20분 정도에서 시작하다가 어느 정도 익숙해지면 점차 시간을 늘려 1회 운동 지속시간을 30~60분 정도로 한다. 운동 전과 운동 후에는 반드시 10분 정도의 준비운동 및 정리운동을 각각 실시하고 운동량은 1회 운동으로 200~300kcal가 소비될 수 있도록 한다. 강도 높은 운동은 고혈압 합병증을 유발할 위험이 높으므로 최대산소섭취량의 40~70% 강도로 실시하는 것이 바람직하나 주관적으로 심폐기능에 충분한 자극을 주면서 과도한 부담이 되지 않도록 '조금 힘들다'는 생각이 들 때까지 운동하는 것이 안전하다. 운동빈도는 주 3~5일이 일반적이지만 혈압을 낮추기 위해서는 주 3~7일이 효율적인데 이는 운동 직후에 혈압 감소의 효과가 수 시간 이상 지속되므로 매일 하는 운

동이 혈압을 조절하는데 더욱 적절하기 때문이다. 이처럼 운동을 통해 떨어진 혈압은 운동을 중지하면 다시 상승하는 경향이 있으므로 지속적으로 운동을 하는 것이 가장 바람직하다. 예전에는 저항운동을 하면 혈압이 상승되고 심혈관에 무리를 준다고도 하였다. 하지만, 최근에는 저항운동이 혈압감소를 위한 1차적인 운동 프로그램은 아니지만, 달리기와 같은 유산소운동과 함께 가벼운 무게로 8~12회 반복할 수 있는 무게로 실시한다면 혈압을 떨어뜨리는 데 안전하고 효과적이다. 그러므로 유산소운동은 주중 거의 매일 하고 저항운동은 주 2~3회 실시하는 것이 적절하다. 이와 같이 운동시간, 강도, 빈도 등을 고려하여 주당 700~2,000kcal를 소비하는 신체활동을 하는 것이 좋다.

달리기를 하면 수축기 혈압상승은 미세하고 이완기 혈압과 동맥의 평균압도 거의 변하지 않기 때문에 고혈압 환자에게 이상적인 운동이다. 또한 운동 후에 수축기 혈압은 일반적으로 운동시작 전보다 낮아지는데 이는 운동 중 피부 혈액량 증가와 혈액이 내장기관과 하체에 많이 고여 있어 심장으로 돌아오는 혈액량을 줄여주는 효과 때문이며 이러한 혈압이 떨어지는 효과는 일회성 운동 직후 몇 분 이내 시작되며 고혈압 환자의 경우 22시간 동안 지속되므로 장기간의 운동을 통한 혈압감소는 운동 후 저혈압이 누적되어 나타나는 것이다.

고혈압 환자의 규칙적인 운동은 혈압을 낮춰주고 심폐기능을 개선시키며 체중을 감소시키고 동맥의 탄성도를 향상시켜 혈관의 구조적, 기능적인 변화를 가져온다. 고밀도 지단백 콜레스테롤의 증가 및 스트레스 해소 등 고혈압 환자의 증상완화 및 개선에도 매우 유용하다. 이렇듯 규칙적인 운동습관은 고혈압 발병률을 낮춰주며 건강한 삶을 살 수 있게 도와준다.

달리기 운동 시 주의사항

혼자 달리기를 하다 보면 심심하고 지루할 수 있으므로 같이 운동할 수 있는 사람과 함께 운동하는 것이 지루함을 덜고 지속적인 효과를 볼 수 있다. 하지만 자칫 잘못하면 같이 운동하는 사람과 경쟁이 붙어 자신에게 무리가 갈 정도의 지나친 운동을 할 수 있으므로 주의해야 한다. 정상 혈압을 가진 사람이 운동을 하면 심박수가 증가하면서 이완기혈압은 감소하거나 변화가 없는 반면 수축기혈압은 운동강도에 비례적으로 증가한다. 그러나 고혈압 환자가 운동을 하면 수축기혈압이 정상인에 비해 훨씬 많이 상승하면서 이완기혈압도 함께 상승하게 된다. 그러므로 안정 시 혈압이 200/110mmHg 이상일 때에는 운동을 하지 말아야 하며 운동 중에도 혈압이 너무 높이 올라가면 매우 위험하므로 혈압이 220/120mmHg 이상 절대 올라가지 않도록 운동 강도를 조절해야 한다. 운동 중에 가슴이 답답하거나 현기증을 느끼면 운동을 즉시 중지하고 진료를 받아보는 것이 좋으며 추운 날씨에 운동을 할 때는 특히 신경을 써야 한다. 또한, 혈압이 높은 사람이 자신에게 맞는 운동을 하지 않았을 경우에는 운동의 효과를 보기 보다는 오히려 위험을 초래하여 득보다는 실이 더 많아지므로 의사와 먼저 상담하여 약물치료를 통해 혈압이 안정적으로 잘 유지될 때에 운동을 시작해야 한다. 또한 약물치료를 받고 있는 고혈압 환자의 경우에는 약물의 종류에 따라 운동 시에 부작용을 초래할 수 있으므로 운동을 하고자 할 때에는 이러한 점을 잘 고려해야 한다.

Tip

들쑥날쑥 내 혈압! 정확하게 재기

- 조용하고 편안한 가운데 5분 정도 등받이가 있는 의자에 앉아서 쉰 다음 혈압을 측정한다.
- 운동 후에는 적어도 1~2시간이 지난 다음에 혈압을 측정한다.
- 담배를 피우거나, 커피, 차, 구론산 등의 카페인 음료를 마셨으면 30분이 지나서 혈압을 측정한다.
- 술을 마셨을 때에는 정확한 자신의 혈압이 나오지 않는다.
- 옷소매가 팔을 조이지 않도록 상의를 벗거나 소매를 충분히 걷어 올린다.
- 앉거나 누워서 측정하되 팔은 항상 심장 높이를 유지해야 한다.
  2분 간격으로 2번 이상 측정하여 평균을 내고 2~3일 간격으로 다시 측정하는 것이 정확하다.

Chapter 02

합병증의 대가 '당뇨병'

당뇨병에 걸렸다고 하면 누구나 당뇨병도 문제지만 그보다 합병증을 조심하라는 말들을 많이 한다. 이렇게 합병증에 대한 언급을 많이 하는 이유는 당뇨 증세가 지속되면서 혈관이 쉽게 망가지는데 어느 부위에 있는 혈관에 문제가 있느냐에 따라 시력을 잃거나, 신장기능이 현저히 떨어지거나, 뇌졸중, 심장마비 및 발질환과 같은 다양하고 치명적인 합병증을 부른다.

보통 우리가 섭취한 음식물은 혈액 속에서 포도당으로 변해 에너지로 바뀌는데 당뇨병은 인슐린이 기능을 다하시 못해 혈액 속에 포도당이 지나치게 올라가 소변으로 당분이 나오게 되는 현상을 말한다. 즉 만성병인 당뇨는 영양의 과잉섭취로 인한 비만, 운동부족, 각종 스트레스 등 여러 요인으로 인하여 인슐린의 생성에 문제가 있어 혈당조절이 제대로 되지 않는 것을 말한다.

당뇨병은 제1형 당뇨병(인슐린 의존형)과 제2형 당뇨병(인슐린 비의존형)으로 크게 구분한다. 제1형 당뇨병의 경우 그 수는 그리 많지 않으나 주로 소아나 40대 이전에 나타나며, 인슐린 분비가 되지 않아 인슐린을 계속적으로 공급해줘야 한다. 반면 제2형 당뇨병의 경우 대부분의 당뇨병 환자가 여기에 속하고 40대부터 서서히 진행되며, 인슐린이 부족하거나 이용능력이 떨어져 나타난다.

제1형과 제2형 당뇨병 모두 다양하고 치명적인 합병증을 발생시키므로 합병증에 걸리기 전에 적극적인 예방이 무엇보다 중요하고 약물에만 의존하기보다는 규칙적인 운동과 적절한 식이요법을 병행하는 것이 바람직하다.

달리기 운동의 효과

모든 운동에는 자신에게 맞는 운동처방이 중요하므로 처음 달리기를 하기 전에 운동부하 검사를 통해 적당한 운동량, 시간, 강도, 빈도 등을 설정하고 실행하는 것이 필요하다. 달리기는 유산소운동으로 처음부터 속도를 빠르게 하는 것보다는 자신의 체력에 맞추어 점진적으로 시간과 강도를 늘려가는 것이 중요하다.

처음 운동을 시작하는 당뇨병 환자들은 1회 운동 시 10~15분 정도에서 시작해 점차 시간을 늘리는 것이 바람직하며 준비운동과 정리운동은 5~10분간 낮은 강도로 전신의 근육을 풀어줄 수 있는 스트레칭을 해준다. 운동시간은 가능한 한 매일 같은 시각에 실시하고 20~60분 정도로 하며 운동량은 1회 운동으로 300kcal 이상 소비할 수 있도록 한다. 당뇨병 환자들은 운동도 아무 때나 하는 것보다는 효과적인 운동시기가 있는데 식사조절과 운동만으로 혈당 조절이 잘되는 사람은 식전과 식후 모두 운동의 시기로서 괜찮지만 경구용 혈당강하제나 인슐린을 사용하고 있는 사람은 저혈당을 예방하고 식후 혈당을 효과적으로 다스릴 수 있도록 식후 30분 이후에 운동하는 것이 좋다. 당뇨병 환자에게 적합한 운동강도는 최대산소섭취량의 50~80% 정도의 강도이며 낮은 강도에서 점진적으로 강도를 높여 보통강도로 운동을 실시할 수 있도록 한다. 한편 근육량과 인슐린의 저항성을 증가시키기 위한 저항성 운동 시에는 10~15회 반복할 수 있는 가벼운 무게로 1~2세트 반복한다.

운동은 일시적으로 실시해서는 효과를 기대할 수 없으므로 지속해서 실시하는 것이 바람직하며 1회성 운동으로 72시간 내에 혈당을 낮추는 효과가 있어 한번 운동하면 그 효과가 2일 동안 지속되므로 혈당의 조절을 위하여 운동빈도는 주 3~4회가 적당하다.

당뇨병 환자는 정상인에 비해서 근육에서 많은 양의 당을 섭취하지 못할 뿐만 아니라 글리코겐의 저장, 당 분해작용의 저하, 젖산 생산능력의 감소 등 운동을 하는 데 훨씬 불리한 신체적 조건을 가지고 있다. 그럼에도 불구하고 당뇨병 환자에게 운동을 권장하는 이유는 건강 증진 및 체력 향상에 도움을 줄 뿐 아니라 췌장에서 인슐린 분비가 감소하고 당질이 당으로 동원되며 지방을 에너지원으로 사용하여 체중감소를 가져오고 저혈당이 일어나지 않도록 하며, 혈중 인슐린 농도를 낮춰주는 효과가 있기 때문이다. 운동을 하는 동안 혈액 속의 혈당이 인슐린의 도움없이 안정시보다 7~40배의 포도당을 섭취하게 되고, 에너지원으로 사용되므로 혈당이 감소하게 된다. 더불어 당뇨병 환자에게 쉽게 발생하는 치명적인 합병증을 예방하고 정신적인 스트레스를 해소하여 의욕적인 생활로 만들어 삶의 질을 높여준다.

달리기 운동 시 주의사항

효과적인 혈당 조절을 위해서는 운동이 좋지만 운동의 결과로 당질 대사가 활발하게 되려면 인슐린이 필요하므로 제1형 당뇨병 환자 같은 경우에는 인슐린 부족으로 인하여 오히려 당뇨성 혼수 등의 합병증을 유발할 위험성을 갖고 있다. 또 운동에 의한 갑작스러운 혈당감소는 저혈당을 초래할 수도 있다. 제2형 당뇨병 환자에게서도 운동에 의한 혈류량의 감소로 신장이나 혈관의 합병증 자체가 악화될 수도 있다. 이렇듯 혈당이 잘 조절되지 않고 인슐린 부족이 심한 경우에는 운동요법이 오히려 당뇨병을 악화시킬 수 있으므로 의사와의 상담이 꼭 필요하며 운동을 시작할 때에는 자신에게 맞는 운동 처방이 필요하다.

저혈당을 예방하고 안전하게 운동을 하기 위해서는 처음 한 달 동안 혈당측정을 운동 전과 후에 실시하는 것이 바람직하며 혈당 조절이 잘 되고 있다면 주 1회로 측정간격을 조절할 수 있다. 운동 시에는 인슐린 농도가 많은 영향을 주기 때문에 제1형 당뇨병의 경우에는 꼭 혈당 체크가 필요하며 운동 전에는 투여 인슐린 단위를 1~2단위 줄이거나, 운동 30분 전에 탄수화물을 섭취하고 운동에 참여하는 것이 바람직하다.

당뇨병 환자가 안전하게 운동을 하려면 자신에게 갑자기 무슨 일이 생겼을 때 신속히 대처할 수 있도록 자신이 당뇨병 환자라는 것을 카드나 팔찌로 표시해 주어야 한다. 특히 운동 중이나 후에 저혈당 증세가 있는지 각별히 신경써야 하며 저혈당 증세가 왔을 때의 대처 방안으로 초콜릿이나 사탕 등을 갖고 다니며 수분 또한 충분히 섭취한다. 당뇨병 환자들에게 더운 날은 탈수를 피하기 위해 운동을 제한하여야 하며 겨울철은 활동량이 줄어들고 송년회다 연말연시다 각종 모임들이 있어서 많은 양의 음식을 섭취하게 되고 과도한 음주를 하기 쉬우므로 다른 계절보다 혈당 조절에 어려움이 따르므로 겨울철 혈당 관리는 당뇨병 환자들에게 최우선 과제이다.

또한 당뇨병에 걸리면 혈액 순환이 잘되지 않아 발에 상처도 잘 생기며 작은 상처도 잘 낫지 않아 운동을 할 수 없을 정도로 지장을 주는데 이러한 발 궤양을 당뇨발이라고 한다. 많은 당뇨발은 사소한 상처에서 비롯되나 자신이 조금만 주의를 한다면 많은 경우 예방할 수 있으므로 발 관리에 각별히 신경을 써야 한다.

발 건강 관리를 위해서는 운동 후 발을 뜨겁지 않은 따뜻한 물로 씻고 발가락 사이가 젖어 있지 않도록 완전하게 건조한 상태를 유지해야 하며 발과 발톱의 상태, 상처, 피부의 색깔을 관찰한다. 운동을 할 때에는 통풍이 잘되고 발이 편하게 잘 맞는 운동화를 선택하고 발목이 조이지 않은 면양말을 신는 것이 좋으며 덥고 땀이 난다고 맨발로 운동화를 신는 것은 발에 상처가 날 위험성이 있어 피해야 한다.

Tip

당뇨의 적신호! 저혈당!

- **원인** : 지나친 인슐린 주사, 지나친 운동량, 불충분한 음식 섭취
- **증상** : 떨림, 식은땀, 초조하고 예민함, 배고픔, 온몸에 허약감
- **처치** : 사탕이나 초콜릿 등을 즉시 섭취한다.
  만약 의식이 없으면 구강으로의 섭취는 금물! 즉시 포도당 주사를 맞아야 한다.
- **저혈당을 예방하려면?**
  - 식사시간이 늦어지지 않게 한다.
  - 조금씩 자주 먹는 것이 좋다(보통 4~5시간 마다).
  - 운동 전에는 음식 섭취를 조금 늘리는 것이 좋다.
  - 흡수가 빠른 사탕이나 초콜릿을 항상 휴대하고 다닌다.
  - 당뇨병환자 인식표를 항상 휴대한다.

Chapter 03

살과의 전쟁 '비만'

맏며느리 같다. 예전에 이 말은 가정 살림이 넉넉하고 인심이 많아 보이는 후덕하고 통통한 사람을 좋게 표현하는 말이었으나, 요즘엔 맏며느리 같다는 말은 상대방에게 실례가 되는 표현인 것 같다. 왜냐하면, 예전과 다르게 요즘엔 외모가 후덕하고 통통한 사람이 자신의 건강·자기관리에 소홀한 사람으로 여겨지기 때문이다.

비만이란 음식을 통한 에너지 섭취량보다 활동을 통한 에너지 소비량이 적어 남은 에너지가 몸속에 체지방으로 과도하게 축적된 상태를 이른다.

비만은 3단계로 분류하고 있는데(WHO, 1995) 1단계는 과체중으로서 체질량지수(BMI: body mass index)가 적게는 25kg/m^{2}에서 30kg/m^{2}를 넘지 않는 범위이고, 2단계는 고도비만으로 30~40kg/m^2, 그리고 3단계는 병적인 비만으로 40kg/m^2 이상으로 분류하고 있다.

우리나라에서도 비만 인구는 갈수록 늘어나고 있는 실정이며, 우리나라를 포함한 아시아인들은 서구인에 비해 체내 지방량이 같을 때, 상대적으로 내장 지방량이 더 많으며 나이가 많고 전체 지방량이 증가할수록 그 차이는 더 커지는 것으로 알려져 있다(Park 등, 2001). 특히, 허리/엉덩이의 둘레 비는 모든 원인으로부터 사망을 예측해주는 가장 좋은 지표이다. 이것은 아마도 복부 장기에 저장된 지방이 다른 곳의 지방보다 더 밀접하게 질병의 위험과 관련이 있다는 것을 보여준다. 보통 허리둘레가 남자 90cm(35인치) 이상, 여자 85cm(33인치) 이상일 경우 복부 비만으로 판정된다.

Tip

BMI : Body Mass Index 구하는 공식

BMI = kg/㎡ : 체중(kg)을 신장의 제곱으로 나누어 줍니다.

예) 키 170 몸무게 '65kg 라면,
BMI = 65/1.7×1.7 = 22.4913… → 22.49가 됩니다.

비만은 그 자체의 심각성보다는 비만으로 인해 유발되는 다른 질환 때문에 더욱 문제가 된다. 비만은 고혈압, 당뇨, 이상지질혈증, 퇴행성관절염 등 뿐만 아니라 특히 심장의 기능과 구조에 영향을 미치고 관상동맥 질환의 발병률을 증가시키며 심장병의 주요 원인이 된다. 비만의 선천적인 원인도 있으나 70% 이상은 잘못된 식습관과 운동 부족 등의 후천적인 요인으로 대부분 발생한다. 따라서 평소 바른 식습관과 적절한 운동을 생활화한다면 비만인 사람도 얼마든지 정상 체중을 유지할 수 있다.

달리기 운동의 효과

비만인의 운동은 장기간 실행해야 하며 짧은 시일 내 무리한 체중감량은 위험하다.

비만인 사람의 운동방법은 처음부터 욕심 부리지 말고 저강도로 시작해야 한다. 흔히 고강도로 운동 후 땀을 흘려야 체중감량에 효과가 있을 것이라는 오해를 많이 하는데, 이는 체중을 줄이는 운동방법으로는 부적절하다. 또한 비만인의 특성상 체중으로 인해 무릎관절에 무리가 갈 수 있는 과도한 유산소운동은 오히려 해가 갈 수도 있다. 따라서 비만환자의 유산소운동은 저강도로 시작하여 점차 운동 강도를 늘려나가는 방법을 선택하는 것이 좋다.

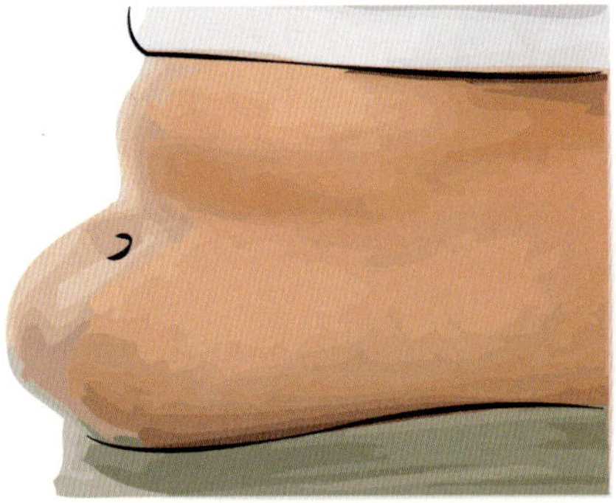

단시간의 고강도 운동은 몸에 있는 포도당만을 이용하고, 최소 15분 이상의 저·중등도의 운동이 몸속의 지방을 태워 에너지를 만들기 때문에 몸속에 있는 지방을 소비하는 것이 목적이라면 30분 이상의 저·중등도(VO_2max 40~60%)의 운동을 하여야 한다.

지방은 1g당 9kcal의 에너지를 낼 수 있는 에너지의 축적체이다. 따라서 지방 1kg을 소모하려면 약 9,000kcal의 에너지를 소모해야 한다. 일반적으로 1시간의 운동으로 350~500kcal가 소모되므로 1kg의 체지방을 줄이려면 약 15~18시간 정도 운동을 해야 한다는 계산이 나온다.

초기에는 1주일에 0.5~1kg정도를 감량할 목표를 세우고 운동을 시작하는 것이 좋다. 따라서 1주일에 3~5회 저·중등도(VO_2max 40~60%)의 운동을 45~60분 정도 지속하는 것이 효과적이다.

비만한 사람이 운동을 할 때에 명심할 것 중의 하나가 운동의 형태나 강도도 중요하지만 무엇보다 얼마나 오래 꾸준히 할 수 있는가? 얼마나 즐기면서 할 수 있는 운동인가가 가장 중요한 선택의 요소가 된다는 것 또한 명심해야 한다.

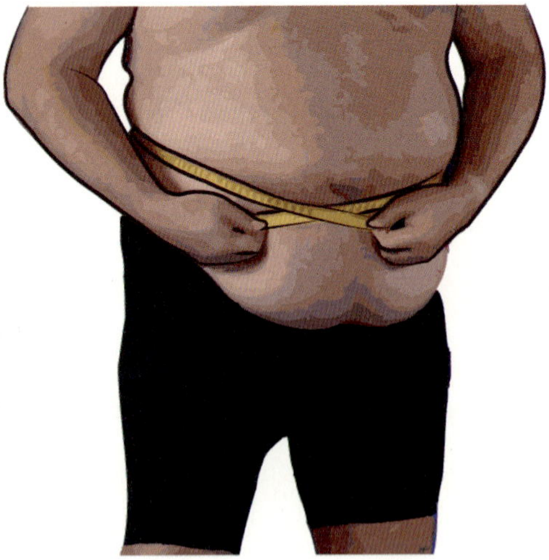

비만에 있어 운동의 효과는 단순히 체중 및 체지방 감소의 효과뿐만 아니라 대사이상이나 합병증의 조절까지도 가능하다. 운동에 의해 인슐린의 감수성이 개선 될뿐만 아니라, 이는 근육조직에서 인슐린에 대한 감수성을 높이고 대사개선을 가져와 결과적으로 고혈압 또한 호전될 수 있다. 즉 운동을 통한 비만의 해결은 자연스럽게 여러 마리의 토끼를 동시에 잡을 수 있는 셈이 되는 것이다.

Tip

요요현상이란?

- **요요현상**

  실을 감은 후 던지면 손안으로 다시 돌아오는 장난감 요요.
  이를 비유해 살이 빠졌다가 다시 찌는 현상을 요요 현상이라고 한다.
  우리 몸은 체중이 감소되는 것을 막기 위해 현재의 몸무게를 기억하고 그것을 유지하려는 경향이 있다. 이를 Set Point 라고도 한다.
  예를 들어, 몸무게가 60kg인 사람이 다이어트 한다고 적게 먹게 되면 우리 몸은 스스로 열량의 소모를 줄여서 적게 먹더라도 열량의 소비를 줄여 60kg을 유지하려 하고, 또 많이 먹으면 열량의 소모를 늘려서 60kg을 유지하려 한다. 만약 다이어트를 할 목적으로 적게만 먹는다면, 이때 우리 몸은 Set Point를 맞추기 위해서 열량의 소모를 줄이게 된다.
  다이어트가 오래가지 못하고 끝났을 때엔, 우리 몸은 아직도 이 Set Point를 기억하고 있어서 열량을 적게 소모하게 되는데, 그때 섭취 열량이 정상으로 돌아가게 된다면 많이 먹지 않아도 잉여 열량이 많아지기 때문에 쉽게 잉여 열량이 지방으로 변해서 몸속으로 저장된다.

- **그럼 요요현상은 어떻게 방지를 하는가?**

  Set Point 자체를 낮춰주거나 열량의 소비를 인위적으로 높여 주는 방법이 있다. 열량소비를 인위적으로 높이는 것은 운동이다. 운동을 하게 되면, 자연스럽게 운동으로 열량의 소모가 많아지게 되고, 또 운동에 의해 근육이 생성 되므로 기초 대사량이 증가하여 Set Point가 낮춰지게 된다.
  또한 식사조절을 단기간에 하는 게 아니라 최소 6개월 혹은 지속적인 조절을 함으로써 Set Point를 낮출 수가 있다.

달리기 운동 시 주의사항

비만을 개선할 목적으로 운동을 시작하기 전에는 자신의 몸 상태를 잘 아는 것이 중요하다. 심각한 비만 환자의 경우라면 반드시 운동 전에 전문가와 상담을 하거나 운동 부하검사를 통해 운동을 시작하는 것이 운동의 효과를 증대시킬 뿐 아니라 안전면에서도 꼭 필요한 준비 사항이라고 할 수 있다. 비만인 사람들은 정형외과적 손상, 즉 무릎이나 고관절의 손상이 상대적으로 크므로 처음부터 무리한 운동은 금물이다.

운동의 효과는 일반적으로 12주 후가 되어야 나타나며, 특히 비만증상의 개선은 적어도 6개월이 지나야 확실한 효과가 나타난다. 6개월 동안 체중의 10%를 감량하는 것을 목표로 하는 것이 가장 이상적이므로 조바심을 갖지 말고 꾸준한 운동으로 요요현상 없는 적정한 체중을 유지하는 것이 가장 중요하다.

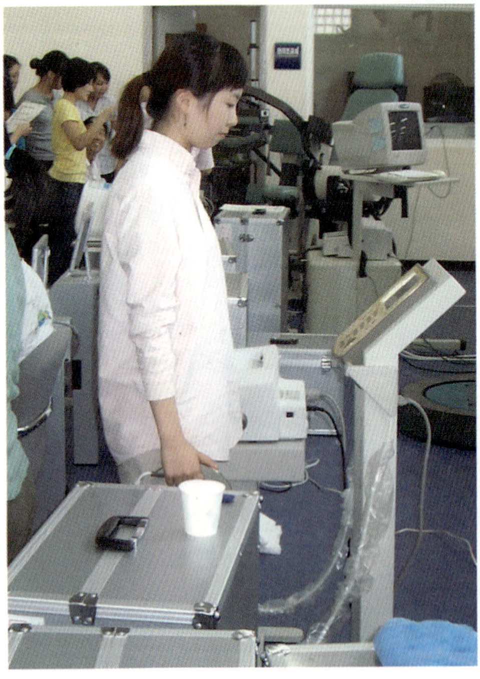

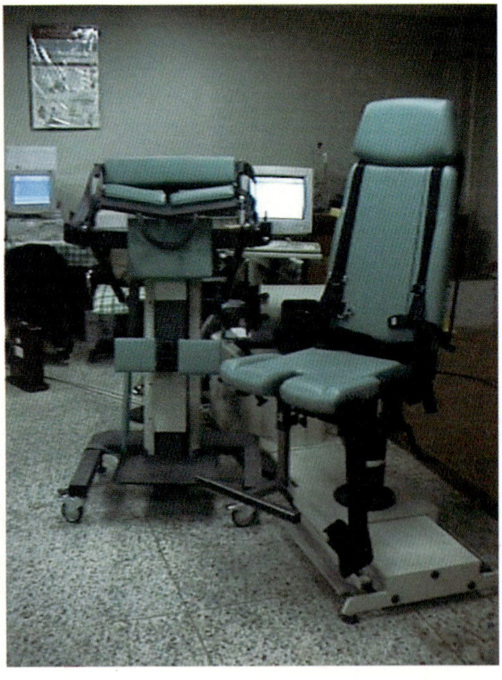

Tip

운동 종목별 에너지 소모량(Kcal/분)

같은 시간 운동했을 때 1분당 칼로리 소모량은 각 운동 종목별로 다음과 같다.

배드민턴 0.097kcal
싸이클링 8.8km/시간 0.064kcal
15km/시간 0.100kcal
배영 0.169kcal
평형 0.162kcal
자유형(빠르게) 0.156kcal
자유형(느리게) 0.128kcal

달리기 1km당	7분10초	0.135kcal
	5분30초	0.193kcal
	5분	0.208kcal
	4분30초	0.228kcal
	3분45초	0.258kcal
	3분30초	0.289kcal

에어로빅 댄스 0.168kcal
골프 0.085kcal
탁구 0.068kcal
테니스 0.109kcal
아스팔트에서 걷기 0.080kcal
땅에서 걷기 0.082kcal
풀밭에서 걷기 0.081kcal

Tip

하루에 필요한 칼로리량은 얼마일까?

체중을 줄이려면 운동으로 쓰는 에너지가 음식 섭취로 얻는 에너지보다 많아야 한다. 체중 1kg은 7,700kcal에 해당하므로 몸에 필요한 칼로리보다 섭취하는 칼로리를 하루에 550kcal 씩 줄이면 1주일에 약 0.5kg의 체중이 줄어든다. 또는 운동으로 에너지 소비를 늘리면 덜 먹는 효과를 볼 수 있다. 하루 동안 자신에게 필요한 총 열량을 계산해보고 다시 일상의 다양한 활동으로 얼마나 소비할 수 있는지 알아보자.
아래 공식의 AF(Activity Factor)란 활동인자를 말하며 사무실이나 학교에서 생활하는 사람은 1.2 잦은 외근 등 움직임이 심한 사람은 1.5로 계산한다.

- **남자** {66+(1.37×체중 kg)+(5×신장 cm)−(6.8×나이)}×AF
- **여자** {65.5+(9.6×체중 kg)+(1.8×신장 cm)−(4.7×나이)}×AF

- **생활 속 칼로리 소모량(Kcal/1시간당)**

잠자기 28.1kcal
목욕 99.9kcal
휴식과 대화 38.4kcal
손빨래 96.9kcal
쓸고 닦기 111.5kcal
식사 44.4kcal
백화점 쇼핑 79.4kcal
버스 전철 타기 61.9kcal
계단(오르내리기 90단/분) 135.5kcal
TV시청 34.6kcal
다림질하기 76.6kcal
자동차 운전 47.7kcal
이불 올리기 175.7kcal
앉아서 사무 보기 50.2kcal
걷기(산보 40~60m/분) 67.7kcal
걷기(산보 70~80m/분) 89.1kcal
걷기(산보 90~100m/분) 123.8kcal

Chapter 04

돌연사의 주범 '심혈관계 질환'

밤새 안녕하셨습니까? 의례적인 인사말처럼 들릴 수도 있겠지만, 어찌 생각하면 섬뜩하게 들릴 수도 있다. 즉 지난밤에 별일 없이 건강하게 잘 주무셨냐는 뜻이다. 잠을 자고 있는 동안에도 건강을 염려해야 할 만큼, 우리는 건강에 대해 아무도 장담을 할 수가 없는 현실에 있다.

통계청의 '2011 사망원인' 통계에 따르면 2009년 국내에서 각종 심장질환으로 사망하는 사람은 연간 2만 3,000여 명이다. 이는 2000년 초에 비해 22.8%나 증가한 수치이다. 특히 갑작스러운 흉통이 발생하는 급성심근경색에 적절히 대처하지 못해 급사하는 수치는 2009년 기준 인구 10만 명당 19명으로, 전체 심장질환 사망자(10만 명당 45.1명)의 42%에 달한다.

심혈관계 질환이란 심장과 혈관에 영향을 주는 질병이다. 또한 뇌졸중, 이상지질혈증, 동맥경화, 심장마비 등도 주요 심혈관계 질환들이다. 특히 관상동맥은 심장에 혈액을 공급해 주는 역할을 하는 중요한 혈관으로 관상동맥 질환은 이러한 동맥이 좁아지거나 막혀서 생기는 질환으로 최근에는 이로 인한 사망률이 암으로 인한 사망률보다 두 배 이상 높다.

달리기 운동의 효과

심혈관계 질환의 치료를 위한 운동은 보통 최대 운동 강도의 50% 이상으로 운동을 시작하여 서서히 운동 강도를 높여 나가야 한다.

운동 시간은 초기에는 1회 20분 정도로 시작하여 점차 늘려나가고, 운동의 횟수는 적어도 1주일에 3일 이상은 해야 효과가 있으며 5~6일정도 운동하는 것이 좋다.

운동종목은 혈액순환을 촉진할 수 있는 유산소운동이 효과적이다. 그러나 무리한 달리기는 허용되지 않으며 엄격한 의학적 검사와 통제 하에 이루어져야 한다.

예전에는 고혈압이나 심장, 심혈관계 질환이 있는 사람에게는 운동을 삼가고 절대 안정을 취하도록 하는 것이 대부분이었다. 아마도 심장과 혈액순환에 문제가 있는 환자들에게 운동을 시키면 심장에 더 무리를 가져다줄 수도 있다는 생각 때문이었을 것이다.

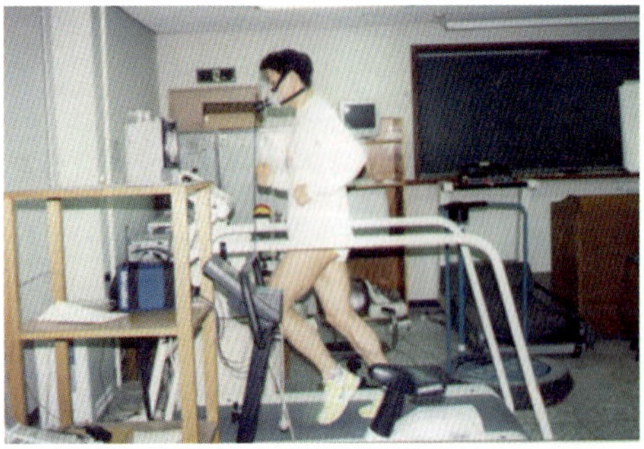

하지만 요즘엔 의학의 발달로 인해 정확하고 객관적인 검사가 가능하게 되면서 심혈관 질환이 있는 사람들에게 운동은 휴식보다 더 효과적이란 것이 보고되고 있다. 이는 운동을 하게 되면 심장의 근육이 발달하고 혈관의 탄성 또한 좋아져 오히려 심장에 혈액공급을 원활하게 하기 때문이다. 미국스포츠의학회의 보고에 의하면 30분의 운동이 체내 콜레스테롤의 수치를 낮추어 주고 혈압을 조절하며, 이상지질혈증, 동맥경화증에도 효과가 있을 뿐만 아니라 이로 인해 협심증이나 심장마비등 심혈관질환에 걸릴 위험성을 줄여준다고 한다.

Tip

HDL-C vs LDL-C

- **이로운 콜레스테롤 HDL-C(고밀도 콜레스테롤)**
  총 콜레스테롤 수치를 낮추고 중성지방을 제거해 준다. 또한 말초 동맥에 있는 콜레스테롤을 간으로 이동시켜 배설하도록 도와준다. 따라서 HDL-C의 수치가 높으면 좋고 수치가 낮으면 혈중 지방질을 청소하지 못하게 되어 문제가 생긴다.
  - 포함 음식 : 등푸른생선, 연어, 올리브, 콩, 달걀흰자, 지방이 적은 살코기, 들기름 등

- **해로운 콜레스테롤 LDL-C(저밀도 콜레스테롤)**
  콜레스테롤을 말초 조직으로 이동시키는 기능이 있다. 즉 LDL-C의 수치가 높으면 총 콜레스테롤의 수치도 올라가게 된다.
  - 포함 음식 : 삼겹살, 곱창, 소시지, 버터, 라면 등

달리기 운동 시 주의사항

운동 중 호흡곤란이 있거나, 가슴에 죄는 듯한 통증이 오거나, 어지럼증과 같은 심계항진 증상이 있으면 즉시 운동을 중단하고 휴식을 취하거나 전문가와 꼭 상담을 해야 한다.

달리기 운동 중 맥박수는 운동 강도에 따라 100~140회 정도가 적당하지만, 그것마저 부담스럽게 느껴진다면 즉시 휴식을 취한다. 특히 겨울철 운동 시 갑작스러운 기온저하에 주의해야 한다. 추위에 노출되면 혈관이 수축하게 되고 심장근육에 저항이 커지면서 산소요구량이 순간적으로 많아지기 때문이다. 또한 식사 후 2시간 안에는 운동을 삼가는 것이 좋으며 운동 전·후 평소보다 준비운동과 정리운동을 길게 하도록 한다.

Chapter 05

노화와 함께 찾아오는 '관절염'

관절염은 퇴행성 관절염과 류마티스 관절염으로 나뉜다. 퇴행성 관절염은 나이가 들어감에 따라 연골(물렁뼈)이 닳아 없어지면서, 단단한 뼈끼리 마찰 손상으로 통증을 유발하고 관절 부위의 변형을 초래하는 질환이다. 퇴행성 관절염은 체중을 많이 받는 무릎, 허리 척추, 발목과 손가락 등과 같은 관절에서 주로 증세가 나타나며 65세 인구의 절반 이상이 퇴행성 관절염 때문에 고통을 받고 있다. 퇴행성 관절염의 증상은 계단을 오르내릴 때 한쪽 무릎이 시큰거리고 아프기 시작해 평지를 걸을 때도 차차 무릎 통증을 느끼게 된다. 여기서 더 진행되면 가만히 있어도 무릎이 아프고 다리가 점점 휘어진다. 몸을 많이 움직이고 난 오후나 저녁 시간에 증세가 심해지는 경우가 많다. 퇴행성 관절염은 노화가 진행되어 생기는 병이긴 하나 적절한 운동으로 증상을 완화시킬 수 있으므로 치료할 방법이 없다고 미리 포기할 필요는 없다.

류마티스 관절염은 몸의 면역체계가 정상 관절을 공격해서 생기는 자가 면역 질환으로 젊은 연령에서 시작되어 여러 다른 증상을 동반하며 전체 관절염 환자의 10~20%를 차지한다. 퇴행성과는 달리 아침 통증이 심하며 손과 손목 관절, 손마디가 붓고 30대 이후의 여성에게 발생한다. 류마티스 관절염은 아직 정확한 발병 원인을 찾지 못해 완치할 수 있는 치료법도 개발되지 않은 상태이지만 약물치료와 함께 운동 치료를 병행하면 증세를 다소 완화시킬 수 있다.

관절 내 연골 수분 감소로 탄력성이 저하되는 퇴행성 관절염은 남자보다는 여자에게 흔히 나타난다. 퇴행성 관절염은 폐경기 여성에게서 골다공증과 같이 나타나며, 호르몬 치료가 관절 증세를 호전시키기도 한다.

달리기 운동의 효과

무릎에 생긴 퇴행성 관절염에는 수영장에서 하는 운동(수영, 아쿠아로빅 등)과 고정식 자전거 타기 등과 같이 체중을 싣지 않는 운동이 치료에 가장 적절한 방법으로 추천된다. 골다공증과 퇴행성 관절염을 함께 겪고 있다면 걷기, 가벼운 달리기, 수영장에서 하는 운동을 교대하는 것이 바람직하다. 척추의 퇴행성 관절염의 경우에도 역시 척추 주변의 근육과 인대를 강화시킬 수 있도록 전신 운동인 가볍게 달리기가 도움이 된다. 무리하지 않는 범위 내에서 스트레칭을 운동 전과 후에 하면 혈액순환 및 부상 예방에 도움이 되며, 체조와 수영 등을 하는 것도 좋다.

가볍게 달리는 운동이 관절에 무리를 주어 관절염을 악화시키지 않을까 하는 걱정을 한다면 안심해도 좋다. 다만, 퇴행성 관절염은 통증을 동반하기 때문에 운동을 하지 않는 경우가 많은데, 그로 인해 근력 및 뼈가 약화되어 점점 더 관절을 사용하기 어렵게 된다. 따라서 무리가 되지 않는 범위 내에서 저강도의 달리기 운동을 꾸준히 수행하여 관절 주변의 근육과 인대를 강화시키는 것이 매우 중요하다. 또한, 정상 체중을 유지하는 것이 체중이 부하되는 관절에 발생하는 퇴행성관절염의 예방에 필수적이다. 또한, 무리한 동작을 반복하지 않는지, 좋지 않은 자세를 하고 있지 않는지 파악하여 관절의 퇴행성 변화를 예방할 수 있도록 주의하여야 한다.

중증 이상의 관절염 환자는 운동 전문가로부터 보폭, 자세, 다리 동작 등의 전체적인 지도를 받는 것이 바람직하다. 운동 강도는 최대 심박수의 40~50%가 적당하며, 평지에서 거리와 속도를 점차 늘려나가는 방식으로 강도를 설정한다.

달리기 운동 시 주의사항

무릎 관절염 환자가 경사가 급한 길을 걷거나 뛰는 것은 매우 위험하다. 가벼운 달리기 운동은 삶의 질을 높이는 최적의 운동이지만, 통증이 있을 때에는 운동을 하지 말아야 한다. 아픔을 참고 달리는 것은 매우 위험한 행동이다. 관절염에는 무통기와 유통기가 반복되는데, 무통기에는 가볍게 달리는 운동으로 관절의 기능을 높이고 유통기에는 충분히 휴식하는 것이 바람직하다.

또한, 운동 전에 땀 흡수가 잘되는 두툼한 양말을 신어 관절의 충격을 최소화하거나, 워킹폴을 이용하여 체중을 분산시키는 것이 관절염 환자에게 좋다. 무릎 관절염이 있는 비만 여성에게는 달리기 운동 요법보다는 체중 부하를 제거한 상태에서 하지 근력을 우선적으로 운동을 실시하고 이후 가볍게 걸으면서 점차적으로 운동 강도를 높여 달릴 수 있도록 한다.

- **관절** : 두 개 이상의 뼈가 연속적 결합을 이루는 부위
- **인대** : 뼈와 뼈를 연결시켜주며 뼈에 질기고 단단한 인대가 붙어있다.
- **건** : 힘줄이라고도 하며 뼈와 근육을 연결시켜 준다.

Chapter 06

골절의 위험을 가중 시키는 '골다공증'

골다공증(또는 골조송증)은 뼈의 밀도 감소로 인해 뼈의 강도가 약해지는 질환으로 골절이 일어날 가능성이 높다. 골다공증은 통증이 없어 그 자체의 문제보다는 뼈가 쉽게 부러지는 것이 문제이기 때문에 사전 검사와 예방이 더욱 중요하다.

골다공증은 노인에게 발생할 가능성이 높으며, 남성보다는 여성에게서 잘 나타난다. 주로 여성의 폐경기 후 골밀도 유지에 중요한 역할을 하는 에스트로겐이 감소되면서 남성에 비해 10배의 골밀도 감소가 나타난다. '침묵의 도둑'이라고 불리는 골다공증은 폐경 이후 첫 5년 동안 골 질량의 25%를 앗아간다. 남성보다는 여성에게 6배 이상 많이 나타나며 척추, 고관절, 손목 등의 부위에 골절의 위험성이 높다. 운동과 칼슘 섭취는 35세 이하의 여성에게 골밀도를 증가시키지만, 35세 이후에는 골밀도를 유지한다. 운동 부족, 알콜 남용, 스테로이드 복용, 흡연이 골다공증의 원인으로 알려져 있다. 운동, 금연과 금주, 균형 잡힌 식사, 칼슘과 비타민 D 섭취 등이 골다공증 예방에 도움이 된다.

달리기 운동의 효과

체중이 실리는 달리기 운동은 뼈에 적당한 압력을 주기 때문에 골다공증 치료에 매우 적합하다. 야외에서 할 수 있는 일반적인 운동으로 체중을 실은 달리기 운동과 척추를 신전하고 근력을 강화하는 실내 운동의 병행이 골다공증의 예방 및 치료에 매우 중요하다. 부동자세나 무중력 상태에서는 골밀도 소실이 촉진되며, 건강한 사람이 30~60주간 신체 활동을 하지 않은 채 절대 안정을 취하면 골질량의 30%에 해당하는 양의 칼슘이 소변으로 빠져나가게 된다고 한다. 따라서 뼈를 튼튼하게 하는 운동은 골량을 유지할 뿐 아니라 평형감각 유지 등에 좋은 영향을 미쳐 넘어질 가능성이 줄어들게 되어 골절 예방에 도움이 된다.

골다공증에 좋은 운동은 걷기, 달리기, 계단 오르기, 댄스 등의 가벼운 유산소운동이 있으며, 다양한 자세에서 뼈에 압력이 가해지는 운동이 치료에 도움이 된다. 이러한 다양한 압력은 근육을 수축하여 조골세포의 기능을 촉진시킨다. 1주일에 세 번은 규칙적으로 운동을 하는 것이 좋으며 운동 시간은 30분 이상, 최대심박수는 40~70% 수준이면 바람직하다. 한편, 척추를 심하게 굴곡 시키는 윗몸 일으키기나 쪼그리는 운동은 피해야 한다.

과도한 음주를 삼가고 흡연은 중단하며 짠 음식을 피하여 염분과 함께 칼슘이 소실되는 것을 방지하는 것이 좋다. 또한 1주일에 2회씩은 약 15분 정도 햇볕을 쬐어 뼈에 필요한 비타민 D를 충분히 합성하도록 하는 것이 좋다.

골다공증 예방을 위한 운동의 강도는 최대심박수의 40~70% 정도의 중강도가 적당하다. 무리한 목표보다는 자신의 신체에 맞도록 서서히 강도를 높여나가는 것이 중요하다. 운동 전과 후의 준비운동과 마무리 운동은 스트레칭 위주로 10~15분간 수행하고, 1주일에 5회 이상 30분 정도로 실시하는 것이 좋다.

달리기를 낮에 하는 것은 햇빛으로부터 비타민 D를 생성시키고 뼛속의 칼슘 생성과 흡수에 도움이 된다. 자신의 운동 능력에 맞추어 적정 속도를 유지하며, 특히 낙상과 골절에 주의하여야 한다.

달리기 운동 시 주의사항

골다공증이 발생하는 시기가 대체로 중년 이후이므로 운동 시작 전에 심장과 폐 등의 상태를 살펴 운동량을 결정하는 것이 중요하다. 또한 골절이 일어날 수 있는 상황을 만들지 않는 것이 중요하다. 예를 들어 미끄러운 바닥을 달릴 때는 조심하고, 어두운 곳은 피하거나 불을 켜고 다니며, 시력이 좋지 않으면 시력교정을 통해 넘어질 가능성을 낮추어야 한다. 또한 달리다가 걸려서 넘어지지 않도록 주의를 기울여야 한다.

Chapter 07

까만 밤 하얀 고통 '불면증'

인생의 1/3 이상을 차지하는 잠

예로부터 잠이 보약이다, 밤새 안녕히 주무셨습니까? 라고 이른 아침 동네 어르신들을 향해 건내던 첫 인사말에는 중요한 의미가 담겨 있다. 즉 지난밤 잠을 잘 잤는가에 대한 물음은 결국 우리의 수면과 건강은 밀접한 관련을 맺고 있는 필연적이며 자연스러운 일상의 경험이라 할 수 있다.

그렇다면 바쁜 현대인들은 과연 잠을 잘 자고 있는 것일까? 바쁜 일상과 더불어 밤에도 잠 못 이루는 사람들, 즉 생활패턴의 변화, 밤의 연장, 사회 및 경제적 스트레스 등의 급격한 증가로 불면증과 같은 수면장애를 겪고 있는 사람들이 날로 증가하는 추세다. 불면증(insomnia)은 잠들기 어렵거나 잠이 든 다음에도 자주 깨거나 새벽에 일찍 깨서 잠을 못 자는 등의 증상으로 수면장애 중 가장 대표적이며 흔한 증상 가운데 하나로, 현재 이러한 증상을 호소하는 사람들은 전 세계적으로 30~45%에 이르고 있다.

잠에 대한 무지(無知)와 무시(無視), 그리고 잠의 가치를 외면한 탓에 야기된 심각성은 우리나라도 예외가 아니다. 실제 국민건강보험공단이 발표한 자료에 따르면, 2006년부터 2010년까지 수면장애 진료환자가 2006년 15만 명에서 2010년 29만명으로 최근 5년 동안 1.92배 증가했으며, 수면장애 유형 중 불면증 환자는 19만 명으로 약 70%를 차지한 것으로 나타났다(국민일보, 2011. 6. 6).

Tip

불면증 자가 평가

지난 1개월 동안 다음의 항목들을 얼마나 자주 경험했는지 빈도별로 √표시하시오.

질 문 내 용	거의없다	가끔	자주	거의주로
1. 잠자리에 누운 후 잠드는 데 30분 이상 걸린다.	①	②	③	④
2. 잠자리에 누우면 정신이 더욱 또렷해지거나 공상이 많이 생긴다.	①	②	③	④
3. 자주 깬다.	①	②	③	④
4. 잠을 자면서도 여러 생각이 들거나 복잡한 꿈을 꾼다.	①	②	③	④
5. 이른 새벽에 깬 후 더 자고 싶으나 다시 잠들기가 어렵다.	①	②	③	④
6. 아침에 일어나면 정신이 흐릿하며 맑지 않다.	①	②	③	④
7. 낮에 쉽게 피곤하고 집중력이 떨어진다.	①	②	③	④

• 거의 주로 : 주4~5회 이상. • 자주 : 주2~3회.
• 가끔 : 월3~4회. • 거의 없다 : 월 2회 이하.

※ 평가 : 해당 점수의 합계가 16점 이상인 경우는 임상적인 불면증으로 간주함.

출처: 서울수면클리닉 http://www.sleepclinic.kr

충분한 수면을 취하지 못하면 평소보다 집중력이 저하되어 쉽게 산만해질 뿐만 아니라 실수가 잦아지기 때문에 일상적인 일의 수행을 저하시키고, 기억, 학업 수행 등에 영향을 미칠 수 있다. 또한 만성적인 수면장애는 신체적, 심리적 기능을 감소시키는 등 개인의 삶의 질을 저하시키기도 한다. 미국수면장애연구위원회(Niatonal Commission on Sleep Disorders Research)에서도 수면 부족은 정신의학적 장애, 생산성의 감소, 사고의 증가를 초래할 수 있으므로 적극적으로 그 원인을 파악하여 적절하고도 적극적인 치료가 이루어져야 할 필요가 있다고 권고한 바 있다.

건강한 사람이라 할지라도 일상생활 속에서 겪는 다양한 문제들로 인한 정신적 긴장, 불안, 소음, 잠자리의 변화 등으로 인해 일시적인 불면을 경험한다. 이러한 일시적 불면은 특별한 치료가 필요하지는 않으나, 일시적 불면도 어떠한 계기를 통해 만성적인 불면을 초래하거나 신체적 질환으로 인해 반복될 경우에는 적절한 치료가 반드시 필요하다.

Tip

불면증을 위한 생활 가이드

- 규칙적인 수면습관을 가질 것 : 취침시간과 기상시간을 항상 일정하게 유지
- 중추신경계를 자극하는 약물은 피할 것 : 카페인, 니코틴, 알코올, 기타 자극제들
- 가급적 낮잠은 피할 것 : 낮잠을 자더라도 15분 이내로 제한할 것
- 매일 규칙적인 시간에 식사할 것, 취침 전 과식은 삼가할 것
- 규칙적인 운동을 할 것 : 유산소운동과 전신을 이완시킬 수 있는 운동을 할 것
- 저녁 시간에 운동은 취침 전 최소한 3~5시간 이전에 할 것
- 저녁에 자극적 행동을 피할 것, 대신 마음을 편하게 해주는 음악을 들을 것
- 긴장을 풀기 위해 취침 전 따뜻한 물로 샤워할 것
- 안락한 수면 조건을 유지할 것 : 침실 분위기는 어둡고 조용할 것
- 침실은 잠자는 용도로만 사용할 것 : 다양한 용도로 사용되면 각성과 연관됨

달리기 운동의 효과

주 3~4회 달리는 유산소운동은 수면제이다.

운동만큼 숙면과 밀접한 관련을 맺고 있는 것은 없을 것이다. 즉 운동은 건강한 사람이나 건강하지 않은 사람 모두의 수면에 도움을 줄 수 있는데, 특히 불면증으로 고통을 받고 있는 환자들의 경우 적당한 운동이 수면의 질을 크게 향상시킬 수 있다. 다양한 형태의 운동들 가운데서도 수면의 질향상과 불면증 개선을 목적으로 한다면, 근력 강화운동이나 강도 높은 유산소운동이 아닌 가벼운 달리기와 같은 적당한 강도의 유산소운동이 권장되고 있다.

하지만 아직까지는 달리기와 같은 유산소운동이 어떻게 불면증을 개선하는지에 대한 기전은 명확하게 밝혀진바가 없다. 그러나 유산소운동이 낮 시간대의 각성 상태를 개선하는 엔돌핀과 신경호르몬의 분비를 풍부하게 하는 것과 관련이 있으므로 분명한 것은 불면증이 있는 사람들이 굳이 약물을 복용하지 않고도 달리기와 같은 적당한 유산소운동을 통해 효과적으로 수면의 질을 향상시킬 수 있다고 볼 수 있다.

달리기 운동 시 주의사항

체력적으로 여유가 있는 일시적인 불면증인 경우 무리한 운동을 통해 교감신경을 극도로 흥분시키게 되면 신체는 긴장한 만큼의 깊은 이완상태를 찾아가게 마련이다. 그러나 만성 불면증 환자의 경우 교감신경이 우위를 차지하는 시간이 훨씬 더 많고 자연스러운 이완상태가 이루어지지 못하기 때문에 교감신경을 흥분시킨다 하더라도 흥분된 만큼 다시 편안한 이완상태로 돌아가기가 힘들다. 오히려 긴장상태가 더 오래 지속되어 밤새도록 잠을 이루지 못해 더 힘들어하게 된다. 또한 만성 불면증인 경우 심신이 극도로 허약해져 있기 때문에 무리한 운동을 하게 되면 이완을 위해 필요한 최소한의 기운마저 다 소진하게 되어 흔히들 '피곤하면 더 잠이 안 온다'고 얘기하는 상황이 발생하게 되는 것이다.

따라서 달리기 운동을 통하여 수면의 질을 향상시키고 불면증을 개선할 목적이 있다면 너무 격렬한 경쟁적인 운동, 무리한 운동은 체온과 심박수를 과도하게 상승시켜 오히려 수면에 이르는 시간을 지연시키므로 피해야한다. 그러므로 자연과 함께 할 수 있는 운동, 즉 가벼운 달리기와 같은 유산소운동을 저·중강도의 수준으로 절대 무리하지 않도록 주의해서 실시하도록 해야 한다. 또한 편한 시간에 운동을 하되 잠들기 직전인 심야에 운동을 하는 것은 오히려 수면장애를 일으킬 수 있으므로 적어도 잠자리에 들기 전 최소한 3~5시간 전에는 운동을 한다거나 활발한 신체활동은 삼가도록 해야 한다. 이러한 몇 가지 사항들과 더불어 개인의 생활 및 수면 상태, 환경, 그리고 개인의 체력 및 건강상태를 고려하여 최소한 1주일에 3~4회 20~30분 이상 유산소운동, 즉 달리기 운동을 규칙적으로 지속함으로써 수면의 질과 삶의 질을 향상시킬 수 있다.

수도권 근처 달리기 좋은 코스

▶ 아시아 선수촌공원

선수촌 공원내에 우레탄이 깔려 있고, 높낮이가 형성되어 있는 점이 특징이다. 거리가 100m씩 표시되어 있으며, 전체 길이가 749m로 훈련을 하기에 적합하다. 일방통행으로 달리거나 걷기 때문에 비교적 안전하게 달리기가 가능하다.

▶ 강남 대모산

완만한 산길로 흙이 깔려 있어 무릎에 충격이 덜하고, 삼림욕의 효과도 함께 느낄 수 있다.

▶ 서울시립대 외곽 일방통행길

길이 1.4km와 1.6km의 두 코스로 언덕도 알맞게 있어 달리기 운동하기에 적합하다.

▶ 상암동 월드컵공원

상암동 월드컵공원은 매년 각종 마라톤 대회가 열릴 정도로 러너들에게 인기가 높은 장소 중 하나이다. 완만한 내리막과 만만치 않은 오르막 등 다양한 코스를 접해 볼 수 있다는 장점과 함께 길이 흙으로 다져져 있어 달리기에 안성맞춤이다. 난지천공원, 하늘공원, 평화의 공원, 노을공원 등 총 4개의 구간으로 구성되어 있으며, 한강시민공원 난지지구로도 쉽게 갈 수 있다는 점이 매력적이다.

▶ 여의도공원

여의도공원은 '달리미의 성지'로 불리며 많은 러닝 동호회로부터 각광받고 있는 코스 중 하나이다. 공원 내부 조깅로의 길이만 2.4km로 달리기 훈련을 하기에 넘치지도 모자라지도 않는 최적의 장소이다. 단, 여의도공원은 자전거 코스도 비교적 잘 닦여 있기 때문에 자전거 이용객들이 많으므로 안전에 유의해야 한다.

▶ 용산 가족공원

4.6km 길이의 산책로와 조깅 코스가 마련되어 있는 용산 가족공원은 자연학습장, 호수, 태극기공원, 잔디광장 등 즐길 거리가 많다는 장점이 있다. 만일 매일 똑같이 반복되는 코스가 지루하거나, 혹은 좀 더 탁 트인 곳에서의 달리기를 맛보고 싶다면 이곳을 적극 추천한다.

▶ **어린이대공원**

비교적 완만한 길과 중간 중간 포진되어 있는 오르막길은 매너리즘에 빠지는 것을 막아 줄 수 있다. 또한 러너들에게 위험요소가 될 만한 자전거, 인라인 스케이트 등이 전면 통제되어 있어 달리기에 집중할 수 있다는 것이 큰 장점으로 꼽힌다. 특히 대공원 후문에서 정문에 이르는 코스는 숲길과 어우러져 있어 상쾌함까지 더해준다.

▶ **석촌호수**

서울 잠실에 위치한 석촌호수. 호수 둘레 길이가 2.5km로 유명 러닝 코스 중 하나다. 100m 간격으로 구간 표시가 되어 있어 자신의 체력에 맞춰 뛸 수 있다는 점이 최대 장점이다. 또한 어린이대공원과 마찬가지로 자전거의 출입을 통제하고 있어 마음 놓고 달리기 좋다. 또한 석촌호수에 비친 도심 속 야경 또한 상당한 볼거리 중의 하나이다. 따라서 나이트 러닝을 계획하고 있다면 석촌호수를 적극 추천한다.

▶ **송파나루 공원**

1992년 바르셀로나 올림픽, 몬주익 영웅 황영조(42세, 국민체육진흥공단) 감독이 우리나라에서 가장 달리기 좋은 곳으로 추천하는 장소들 가운데 하나는 송파나루 공원이다. 이곳은 송파 구청이 있는 동호에서 롯데월드가 위치한 서호 방향으로 달리다보면 왼편으로는 석촌호수, 오른쪽으로는 숲이 우거져 지루하지 않고 그야말로 보는 맛이 있다는 장점을 지닌 곳이다.

▶ **서울 남산**

코스는 남산 북측 순환도로 3㎞ 구간을 왕복한다. 본래 산책로로 조성된 길이라 바퀴가 달린 건 유모차와 휠체어를 제외 하곤 다닐 수 없다. 그래서 인라인 스케이트와 자전거 등과의 충돌 사고가 없다. 주위 경관도 빼어나다. 한여름에도 그늘에서 달릴 수 있을 만큼 숲이 우거져 있다. 500m마다 거리 표시가 돼 있고, 화장실, 급수대 등 편의시설도 잘 갖췄다. 바닥 재질은 아스팔트이다.

▶ 서울 중랑천

요즘 중랑천은 서울 도심 레저의 새로운 명소다.

최근 중랑천변 자전거 도로에 아스콘이 깔리면서 멀리서도 마라토너가 찾아들고 있다. 특히 월릉교 아래부터 노원교까지 왕복 17㎞ 코스에 집중적으로 몰린다. 시멘트나 아스팔트 바닥보다 충격이 작은 아스콘 바닥 구간은 중랑교부터 노원교까지 계속 이어진다.

▶ 수원 광교산

산과 들을 뛰어다니는 크로스컨트리 입문자들이 찾아드는 곳이다. 왕복 2차로 차도 옆에 인도가 나있지만 차도를 주로 달려야 한다는 제한점이 있다. 반환점이 버스 종점이라 가끔 버스가 지나지만 교통량은 그리 많지 않다. 인도는 시멘트나 보도블록으로 돼 있고, 차도는 아스팔트길이다. 공기 좋은 산 중턱 길이라 피로감은 훨씬 덜하다.

▶ 인천대공원

89만 평 규모의 인천대공원을 한바퀴 돌고 나오는 6㎞ 구간은 주위 환경만 따진다면 어디에도 뒤지지 않는다. 2차선 아스팔트길로 이어져 있다. 코스 내내 가로수가 잘 정비된 데다, 호수를 왕복하기 때문에 상쾌한 기분이 내내 유지된다. 화장실·매점 등 편의시설도 잘 갖췄다. 코스가 전반적으로 평탄해 초보에게 좋다.

참고 사이트

- http://nbrun.tistory.com/156
- http://blog.naver.com/zerom/100006960515
- http://blog.naver.com/PostView.nhn?blogId=ellesse_envy&logNo=20118854233
- http://article.joinsmsn.com/news/article/article.asp?total_id=8332921&cloc=olink|article|default

한국시각장애인
마라톤

PART 6
달리고 웃을 수 있어야 한다

건강은 행복의 어머니 - 프란시스 탐슨 -

달리는 자세·주법·원리·환경 파악 및 적응·과학적 근거하의 반복훈련·응용적인 달리기 등의 달리기 원칙에 근거하여 생각하면서 훈련하고 달리면 35,000개의 유전자와 150만 개의 전이정보를 가지고 있는 사람의 인체가 조화를 이루어 효율적인 건강 달리기가 될 것이라 믿는다.

Chapter 01

달리고 웃을 수 있어야 한다

달리기는 인간의 삶 자체요 본능이므로 너무 심하게 빠져들어 달리게 되면 중독이 될 수도 있다. 사람의 신체는 25세를 전후하여 매년 평균 1%씩 신체적인 체력이 감소하고 50대에는 20대의 30% 가까이 감소한다.

가까운 일본의 경우 달리기 인구가 700만 명 이상이며 크고 작은 대회도 1,300여개에 이른다.

현재 우리나라 달리기 동호회는 약 1,000개 정도이며, 크고 작은 정규, 비정규 달리기 대회는 매년 평균 400회 정도이다. 또한 마라톤 풀코스 완주자도 약 4만명을 넘고 있으며 3시간 이내에 완주하는 사람도 약 1,200명 이상에 이른다.

달리는 도중 또는 달린 후의 사망사고는 매우 드물게 있는 것 같지만 누구에게나 찾아올 수 있다는 것이다. 그렇다고 교통사고를 염려해서 밖에도 안 나가고 차도 타지 않을 수 없듯이 사람은 누구나 종종 마음도 육체도 달려야만 한다.

교통사고를 줄이고 예방하는 데는 교통안전수칙을 누구나 지키는 것이 최고이다. 달리기 사망사고도 달리는 목적을 확실히 인식하고, 자신의 병력, 체력, 운동 검사 등의 신체조건에 맞춰 달리고, 준비운동과 정리운동을 필히 하는 등 달리기에 필요한 조건을 확실히 파악하고 실시해야 한다. 또한 달리는 자세, 주법, 원리, 환경 파악 및 적응, 과학적 근거하의 반복훈련, 응용적인 달리기 등의 달리기 원칙에 근거하여 생각하면서 훈련하고 달리면 35,000

개의 유전자와 150만 개의 전이정보를 가지고 있는 사람의 인체가 조화를 이루어 효율적인 건강 달리기가 될 것이라 믿는다.

이렇게 달리게 되면 즐겁고 유쾌한 달리기가 되고, 부드러운 신체의 유연함을 지닌 긍정적이고 아름다운 생각을 하는 마음으로 달리게 되며, 좋아하는 시간대 및 환경에 잘 맞춰 편리하고 안전한 복장과 장비를 갖춰 달리게 되므로 몸에 와 닿는 기분, 좋은 바람, 달리는 길가의 아름다운 자연환경들을 만끽하게 될 것이다. 하늘을 나는 새가 되고 물속을 유영하는 물고기가 되어 신나고 즐겁게 달릴 것이다. 그러므로 달리다 죽을 수 있는 모든 가능성은 사라질 것이고 우리가 원하는 멋진 시간과 세상 속으로 웃으며 달려갈 수 있을 것이다.

참고문헌

• 국내 저서 및 역서

김기진 (2011) 한 권으로 읽는 재밌는 육상이야기. 경기도 파주 이담북스

김병일 (2011) 나의 삶은 몇단일까. 서울 미디어21

김숙이 (2009) 골프가 내 몸을 망친다. 서울 (주) 에스에이엠티유

김연수 옮김-Dr. George Sheehan 저 (2003) 달리기와 존재하기. 서울 한문화 멀티미디어

김태완 (2011) 스포츠상해와 응급처치. 서울 대경북스

김현태, 안재만, 김인산 (2006) 안전관리 및 구급처치. 원주 오늘의 문학사

남상남 (2005) 걷기 운동 30분. 서울 넥서스

남상남 (2009) 육상경기 워크북. 서울 대경북스

남상남 (2010) 건강 걷기 30분. 서울 넥서스

남상남, 조성연, 손진수, 배영대 (2011) 스포츠 상해와 운동재활(상·하권). 서울 대경북스

남상남, 최창국, 남청웅, 김일곤, 안정훈 (2003) 육상경기 아카데미. 서울 대경북스

민영진 옮김-Christopher McDougall 저 (2010) BORN TO RUN. 서울 페이퍼 로드

박성환, 한은희 옮김-Pete Egoscue 저 (2006) 통증 없이 산다. 서울 (주) 한언

박형무, 임소연 옮김-Manson, Joann E, Bassuk, Shari S 저 (2008) 폐경기 건강과 호르몬 요법. 서울 조윤커뮤니케이션

서거원 (2008) 따뜻한 독종. 경기도 고양시 위즈덤하우스

성기홍 옮김-Nina Barough 저 (2004) 파워 워킹 서울 21세기북스

서울대학교병원 가정의학과 전문의 (2010) 우리가족건강주치의. 서울 하서출판사

선주성 옮김-Amby Burfoot 저 (2003) 달리기가 가르쳐 준 15가지 삶의 즐거움. 서울 궁리

윤영란, 이소라 옮김–Claire Kowalchik 저 (2003) 여자의 달리기. 서울 지식공작소

윤완영 (2008) 실전 운동처방 프로그램. 서울 대경북스

윤홍탁 (2003) 테니스 상해의 원인, 예방 그리고 재활치료. 서울 홍경

이길상 (1979) 건강을 위해 뛰어라. 서울 행림 출판사

이광재 (2006) 운동검사·운동처방지침. 서울 한미의학

이대택 (1998) 인간은 환경에 어떻게 적응하는가. 서울 지성사

이봉주 (2010) 봉달이의 4141. 서울 어깨동무출판사

이채원 (2012) 나의 아름다운 마라톤. 서울 현대문학

이홍열 (2003) 마라톤 완전 정복. 경기도 일산 이레미디어

임홍빈 옮김–村上春樹 저 (2009) 달리기를 말할 때 내가 하고 싶은 이야기. 서울 문학사상

정영재 (2010) 너만의 승부수를 던져라. 서울 을유문화사

조현철 옮김–Timothy D. Noakes 저 (2006) 초보 러너의 14가지 원칙. 서울 지식공작소

체육과학연구원(2006) 알고 달리자. 서울 대한미디어

최경은 옮김 – Carol R. Schulz, Mary Jenkins 저 (2008) 폐경기 증후군 이겨내는 법. 서울 매일 경제 신문사

최명애, 김주현, 박미정, 최수미, 이경숙 공저(2002) 생리학 제3개정판, 서울 현문사

최윤칠 (1983) 마라톤. 서울 에덴문화사

최세환, 원장원, 장지훈, 이규훈, 장경태, 오재근 옮김–Joe Puleo, Patrick Milroy 저 (2011) Running Anatomy. 서울 푸른솔

한영택 옮김–Bob Glover, Jack Shepherd 저 (1979) 달리기 특강. 경기도 파주 다락원

황수관 (1997) 내 몸에 맞는 운동으로 현대병을 고친다. 서울 문화사

• 국내 학회 및 학위 논문

김영수 (2001) 고온, 운동, 수분. 스포츠과학학회지, 제77호, pp56-61

김우규 (2005) 다이어트 신발 착용 후 8주간 걷기운동이 호흡순환 기능 및 에너지 소비량에 미치는 영향. 한국스포츠리서치, 제16권, 제4호, pp113-122

김원중 (2001) 저온환경에서의 운동이 에너지 소비에 미치는 영향. 한국체육학회지. 제40권, 제2호, pp623-633

김현수 (2001) 달리기 시 하지의 해부학적 상해요인이 후족의 회내, 경골의 내측회전, 그리고 수직충격량에 미치는 영향. 미간행 석사학위논문, 연세대학교 대학원

남상석, 선우섭 (2010) 간헐적인 평압·저산소 환경에서의 트레이닝 기간이 유산소성 운동능력과 혈액의 산염기 평형에 미치는 영향. 한국운동생리학회지 운동과학, 제19권, 제2호, pp175-188

문곤성, 이의린 (2007) 평지와 내리막 달리기 시 하지 근육의 근 피로에 관한 연구. 한국운동역학회지. 제17권, 제4호, pp181-190

문황운, 남상석, 박훈영, 조홍래, 김승환, 선우섭 (2011) 저압 · 저산소 환경에서 4주간의 간헐적인 무산소성 운동 트레이닝이 골격근의 산소이용 능력에 미치는 영향. 한국체육과학회 한국체육과학학회지, 제20권, 제4호, pp817-829

박영옥, 허현미 (2008) 체육활동 참가변인별 신체적 정신적 건강효과에 대한 금전적 가치 및 심리적 행복감 분석. 한국스포츠 사회학회지, 제21권 제2호, pp443-461

서승민 (2010) 생활체육 동호인의 스포츠 상해에 관한 연구. 석사학위논문. 우석대학교 교육대학원.

선주성 (2006) 내몸에 맞는 올바른 달리기- 달리기와 건강II. 샘터사, 월간샘터 제32권 제6호. p110-111

스포츠과학연구소 (1985) 마라톤, 대한체육회 훈련원 스포츠과학연구소

심창섭, 조영택 (1995) 강원대학 체육과학연구소 논문집 제1권, 제19호

안의수, 이한 (1999) 다른 기후 조건에서의 지구성 트레이닝이 백혈구와 NK세포에 미치는영향. 한국운동과학회 운동과학, 제8권, 제3호, pp437-446

양윤준 (2004) 운동중독과 과훈련증후군 예방법. 스포츠과학, 제87권, pp75-81

오일환 (2006) 생활체육 마라톤 동호인의 운동상해에 관한 조사연구. 석사학위논문. 공주대학교 교육대학원

원종세 (2003) 氣候環境이 마라톤選手들의 競技記錄에 미치는 影響에 관한 調査研究. 한국체육학회지, 제42권, 제2호, pp397-404

윤효원 (2009) 국가대표 마라톤 선수의 스포츠상해 실태 및 예방에 관한 조사연구. 미간행 석사학위논문. 용인대학교 체육과학대학원

이성진, 구현정 (2008) 10주간의 열량제한과 6 km/h 동일 속도의 걷기 또는 달리기 운동이 과체중 여성의 체구성 및 유산소성 운동능력에 미치는 영향. 한국생활환경학회지, 제15권, 제2호, pp224-232

이영숙 (1997) 육상선수의 운동 상해에 관한 조사. 미간행 석사학위논문. 이화여자대학교 사회복지대학원

이운용, 김명화, 변재종 (2004) 저온 환경에서 지구성 달리기 운동시 혈액 성분의 변화. 한국걷기과학학회, 제3권, pp127-134

이종각, 윤탁영, 유재성 (1992) 마라톤과 운동생리학, 한국체육과학연구원

이한 (2001) 기후조건과 지구성 트레이닝이 면역세포 및 stress hormone에 미치는 영향. 한국체육학회지, 제40권, 제2호, pp683-692

임재형, 지용석 (2006) 성인병과 운동. 코칭능력개발지. 제8권, 제4호. pp195-207

전태원, 신승환, 김정운, 이종해, 이채영, 유은정 (2011) 기능성 운동화를 활용한 걷기, 달리기 운동이 비만지표 및 심폐체력에 미치는 영향. 한국여성체육학회지, 제25권 제3호, pp49-60

• 외국 저서 및 논문

By Fred Lebow, Gloria Averbuch. (1994) The new york road runners club Complete book of Running. USA. Random House.

C. Lundby, T. K. Nielsen, F. Dela, R. Damsgaard. (2005) The influence of intermittent altitude exposure to 4100m on exercise capacity and blood variables. Scandinavian Journal of Medicine & Science in Sports. 15(3). pp182–187

Costill D. L. (1986) Inside running, Basic of sports of physiology. Indianapolis Benchmark Press

Darleen A. Sandoval, Kathleen S. Matt. (2002) Gender differences in the endocrine and metabolic responses to hypoxic exercise. Journal Applied Physiology. 92(2). pp504–512

Eric Newsholme, Tony Leech, Glenda Duester. (1994) Keep on Running. England Wiley

J.D Cottera, G.G Sleivertb, W.S Robertsa, M.A Febbraioc. (2001) Effect of pre-cooling, with and without thigh cooling, on strain and endurance exercise performance in the heat. Comp. Biochem, Physiol. A Mol. Integr. Physiol. 128(4). pp667–677

Jinger S. Gottschall, Rodger Kram. (2005) Ground reaction forces during downhill and uphill running. Journal of Biomechanics. 38(3). pp445–452

Judith M Burnfielda, Courtney D Fewa, Olfat S Mohamedb, Jacquelin Perrya. (2004) The influence of walking speed and footwear on plantar pressures in older adults. Clinical Biomechanics. 19(1). pp78–84

ROBERTSON, EILEEN Y., SAUNDERS, PHILO U., PYNE, DAVID B., AUGHEY, ROBERT J., ANSON, JUDITH M., GORE, CHRISTOPHER J. (2010) Reproducibility of performance changes to simulated live high/train low altitude. Medicine & Science in Sports & Exercise. 42(2). pp394–401

Smerdelj M, Madjarević M, Oremus K. (2001) Overuse injury syndromes of the calf and foot. Arh Hig Rada Tokisikol. 51(4), pp451–464

Tim Noakes, MD. (1991) Lore of Running. England Leisure Press

Yong–Woo Park, David B. Allison, Steven B. Heymsfield, Dympna Gallagher. (2001) Larger Amounts of visceral Adipose Tissue in Asian Americans. Obesity Research. 9. pp381–387

Yoshitaka Toda. (2001) The effect of energy restriction, walking, and exercise on lower extremity lean body mass in obese women with osteoarthritis of the knee. Journal of Orthopaedic Science. 6(2). pp148–154

- **홈페이지**

http://blog.naver.com/ltw2941/20008494871.

http://blog.naver.com/mkkang2k/20018758092.

http://blog.ohmynews.com/post9/261187.

http://bolg.naver.com/xfile62/40018895769.

http://www.marath.pe.kr

http://www.sleepclinic.kr

● ● ● 저자약력 ● ● ●

남상남

〈학력 및 경력〉
- 충북 청주 태생 1952년생
- 서울대 체육교육학과와 동대학원을 졸업
- 국민대학교에서 이학박사 학위를 취득
- 육군사관학교 조교수
- 한양대학교 체육과학대학 학장
- (사)한국생활환경학회 회장
- 한국운동생리학회 회장
- 한국체육학회 이사
- 한국걷기과학학회 부회장
- (사)산재보험학회 이사 등을 역임
- (현재) 한양대 예체능대학 교수로 국제어 학원장 겸 사회교육원장을 역임
- (현재) 운동생리와 육상, 운동처방을 가르치고 있다.
- (현재) 대한육상경기연맹 전무이사 겸 대구세계육상선수권대회준비 상임집행위원으로 활동
- (현재) 한국대학스포츠위원회 상임위원, 한국대학육상경기연맹 부회장등으로 활동.

〈저서 및 논문〉
- 대학체육
  운동생리학
  운동처방과 실제
  트레이닝방법론
  육상경기 등 20여권의 전문서적
- 일반대중을 위한 걷기운동 30분(건강걷기 30분)
- 운동 생리 및 육상과 관련된 150여편의 논문 발표 및 게재

나도 달리다 죽을 수 있다
효율적인 건강달리기

초판발행	2012년 7월 26일
발 행 인	임 덕 호
발 행 처	한양대학교 출판부
주 소	133-791 서울 성동구 왕십리로 222
전 화	02) 2220-1432~4
팩 스	02) 2220-1435
홈페이지	www.press.hanyang.ac.kr
전자우편	presshy@hanyang.ac.kr
출판등록	제4-7호(1972년 2월 29일)
인 쇄 처	네오프린텍(주)

ISBN 978-89-7218-415-7 93690